CAMPAGNES

DES FRANÇAIS

PENDANT LA RÉVOLUTION.

ANNÉE 1792.

AVIS DE L'ÉDITEUR.

Chaque année formera un volume d'environ 300 pages, qui se vendra 3 liv. 10 s. broché; elles paroîtront et seront mises en vente successivement, afin que l'on puisse se procurer insensiblement tout l'ouvrage.

Les personnes qui, en prenant le premier volume, s'obligeront pour les 6 suivans, auront le septième *gratis :* mais pour jouir de cet avantage, il faudra toujours avoir un volume payé d'avance ; ensorte qu'en prenant le premier on en paiera deux, et cette avance d'un volume paiera le sixième, qui sera livré avec le septième. Nous prévenons que cette condition sera exactement et exclusivement observée envers les soumissionnaires, et que le délai de faveur ne courra que jusqu'au 30 prairial de cette année, passé lequel tous les volumes se paieront.

Cet ouvrage se trouvera dans toutes les principales villes de la République, et particulièrement *à Blois, chez l'Éditeur, le citoyen* BILLAULT, *imprimeur de l'administration centrale; et à Paris, chez le citoyen* ONFROY, *rue Saint - Victor, n.º 3.*

Nous aurions bien voulu en établir des dépôts dans tous les chefs - lieux de département, mais la difficulté des recouvremens, que nous désirons opérer pour chaque volume quand le suivant sera mis en vente, a rallenti notre désir. Cependant les libraires connus, qui voudroient en avoir un certain nombre d'exemplaires, pourront s'adresser à l'Éditeur; de même que les personnes qui voudroient le recevoir franc de port, par la poste, moyennant 20 sols de plus par volume, *en affranchissant le port de leur lettre et de l'argent.*

CAMPAGNES

DES FRANÇAIS

PENDANT LA RÉVOLUTION.

Ouvrage entrepris pour fixer l'opinion sur la Guerre que nous soutenons depuis six ans, et pour remettre sous les yeux des Militaires de tous les grades les différentes affaires auxquelles chacun d'eux a participé ;

TOME PREMIER,

Contenant le détail des opérations militaires des Campagnes d'été et d'hiver de l'année 1792 (v. s.), avec une notice géographique des lieux qui y sont cités.

Par A. LIGER, Secrétaire en chef de l'Administration centrale de Loir et Cher, ex-Chef de Bataillon à la 68.e demi-Brigade d'infanterie de bataille, aujourd'hui la 15.e

Audaces fortuna juvat.

A BLOIS,

Chez J. F. BILLAULT, Imprimeur du département de Loir et Cher.

An VI de la République , 1798 (v. s.).

DÉCRET DE LA CONVENTION NATIONALE,

Relatif aux droits de propriété des Auteurs d'écrits en tout genre, des Compositeurs de musique, des Peintres et des Dessinateurs.

Du 19 juillet 1793, l'an 2 de la République française.

La Convention nationale, après avoir entendu son comité d'instruction publique, décrète ce qui suit :

Art. I. Les auteurs d'écrits en tout genre, les compositeurs de musique, les peintres et dessinateurs qui feront graver des tableaux ou dessins, jouiront durant leur vie entière du droit exclusif de vendre, faire vendre, distribuer leurs ouvrages dans le territoire de la République, et d'en céder la propriété en tout ou en partie.

II. Leurs héritiers ou cessionnaires jouiront du même droit durant l'espace de 10 ans après la mort des auteurs.

III. Les officiers de paix seront tenus de faire confisque à la réquisition et au profit des auteurs, compositeurs, peintres ou dessinateurs et autres, leurs héritiers ou cessionnaires, tous les exemplaires des éditions imprimées ou gravées sans la permission formelle et par écrit des auteurs.

IV. Tout contrefacteur sera tenu de payer au véritable propriétaire une somme équivalente au prix de trois mille exemplaires de l'édition originale.

V. Tout débitant d'édition contrefaite, s'il n'est pas connu contrefacteur, sera tenu de payer au véritable propriétaire une somme équivalente au prix de cinq cents exemplaires de l'édition originale.

VI. Tout citoyen qui mettra au jour un ouvrage, soit de littérature ou de gravure, dans quelque genre que ce soit, sera obligé d'en déposer deux exemplaires à la bibliothèque nationale ou au cabinet des estampes de la République, dont il recevra un reçu signé par le bibliothécaire, faute de quoi il ne pourra être admis en justice pour la poursuite des contrefacteurs.

VII. Les héritiers de l'auteur d'un ouvrage de littérature ou de gravure ou de toute autre production de l'esprit ou de génie qui appartienne aux beaux arts, en auront la propriété exclusive pendant dix années.

En conséquence de la loi ci-dessus, l'Auteur et l'Éditeur réunis préviennent qu'ils ne souffriront pas qu'il soit porté atteinte aux droits qu'elle leur assure ; et qu'ils poursuivront, aux termes d'icelle, tout imprimeur ou libraire qui imprimeroit, vendroit ou distribueroit des exemplaires contrefaits de cet ouvrage.

AVERTISSEMENT

Qui sert en même-temps de Prospectus
pour tout l'Ouvrage.

———

Depuis le commencement de la révolution, j'ai successivement rédigé les délibérations d'une administration départementale, ou conduit un des bataillons de la République à la défense de la patrie.

Sous cette double qualité d'homme de plume et de guerrier, j'ai pensé que je pourrois essayer d'ériger un monument à la gloire du nom français, et d'offrir un hommage à l'héroïsme de mes camarades.

Les difficultés de cette entreprise m'ont paru d'abord effrayantes ; mais je me suis rassuré en réfléchissant qu'il ne falloit, pour réussir, que raconter tout simplement, et sans aucune autre parure de style que celle de la vérité, ce que j'ai vu, ce que j'ai lu, et ce que j'ai entendu raconter ; le tout mis en ordre et classé d'après les combinaisons qu'une étude très-réfléchie m'a mis à portée de faire pendant le cours de la guerre.

Convaincu par cette réflexion, je me suis mis en besogne, et j'ai suivi le plus exactement qu'il m'a été possible le fil des événemens.

Il ne m'a pas fallu beaucoup de temps pour reconnoître combien la mine que j'exploitois étoit féconde. Je ne serai vraisemblablement pas le seul dont elle piquera l'émulation. *Dumouriez* nous en a déjà transmis quelques fragmens dans les mémoires qu'il a écrits et répandus pour se justifier ; et plus récemment encore, un homme de lettres vient de publier les campagnes du général *BUONAPARTE.*

Je n'aurois pas eu la vanité de me mettre en concurrence avec ces deux écrivains, s'il eût été question de courir avec eux la même carrière ; je sais respecter les talens militaires du général, et la supériorité que l'homme de lettres doit avoir sur moi.

Mais chacun d'eux n'a embrassé que des époques particulières, et quelque mérite qu'aient d'ailleurs ces deux ouvrages, ce ne sont néanmoins que des morceaux détachés, qui ont plutôt pour objet de faire l'apologie de l'un de ces généraux et le panégyrique de l'autre, que celui de célébrer le génie guerrier de la Nation et les triomphes qu'il a obtenus.

D'un autre côté, entre les deux époques qu'ils ont choisies il en existe plusieurs autres qui ne sont pas moins marquantes, et dont la connoissance m'a paru nécessaire et très-susceptible de mettre sous les yeux de nos concitoyens l'ensemble des opérations militaires qui ont jetté tant d'intérêt et tant d'éclat sur la guerre que nous avons faite.

C'est d'après ces données que j'ai dirigé mon travail ; ses résultats me paroissent d'autant plus satisfaisans, qu'ils me fournissent, à chaque instant, l'occasion de rendre hommage au mérite, à la vertu, et jamais celle de dégrader la dignité de l'histoire en prostituant ma plume aux souplesses de la flatterie.

Je crois devoir observer que, d'après

a 2

mon plan , je ne me suis proposé que
de remplir un cadre historique , dont
les détails , indépendans de tout ce qui
peut tenir à la politique, se bornent à
présenter les événemens généraux , en
glissant avec légèreté sur les actions in-
dividuelles.

Il est aisé de sentir que , dans une
guerre aussi longue , aussi variée , et dans
laquelle le vrai ne paroîtra pas toujours
vraisemblable , il me faudroit écrire des
in-folio pour rendre justice à tout le
monde , et pour signaler l'héroïsme par-
tout où il s'est rencontré.

Je tâcherai cependant de m'étendre assez
pour que chacun de mes camarades puisse
reconnoître les affaires dans lesquelles il
s'est trouvé , et sur-tout pour qu'il puisse
me démentir si je m'écarte de la vérité.

En suivant cette marche , j'espère remplir les vues de tous mes lecteurs ; car
ceux qui connoîtront par eux-mêmes un
événement que la lecture fera reparoître
sous leurs yeux , pourront juger par com-
paraison de l'exactitude que j'aurai mise

dans le récit des autres ; et je crois qu'il est très-peu de Français qui n'aient eu plus ou moins de connoissance de quelques-uns des faits que je vais consigner sous la dictée de l'histoire.

J'observerai en outre, que je n'ai pas pu me trouver sur tous les points qui ont été le théâtre de la guerre, et que je ne pourrois pas par conséquent certifier tout ce que j'écris, avec autant d'assurance, si j'entrois dans des détails trop étendus.

Mais pour inspirer la confiance que je tâche de mériter par mon exactitude et ma véracité, j'atteste que je n'avance rien qu'après l'avoir vérifié sur des récits authentiques, sur des rapports officiels, et d'après avoir consulté ceux de mes camarades qui ont participé aux opérations dont je rends compte, et qui, passant d'une armée dans l'autre ont eu l'occasion de servir avec moi dans les différens commandemens qui m'ont été confiés, tels que Cambray, Hellemmes, Moll, Thurnout et Nimègue, dans les-

quels une très-grande partie de l'armée
du Nord a successivement et en détail
passé sous mes ordres, soit pour bivouacquer ou cantonner, soit pour tenir garnison. Quant à ce qui est relatif aux
armées dans lesquelles je n'ai pas été
employé, je ne puis à la verité en connoître les détails que sur les rapports
d'autrui ; mais à cet égard, il n'existe
pas un seul homme qui ait été témoin
oculaire de tout ce qui s'est passé pendant le cours de la guerre, et qui puisse
en détailler les événemens sans puiser
dans des sources qui lui soient individuel-
lement étrangères.

Je suis donc, comme tous ceux qui
entreprennent d'écrire l'histoire, obligé
de recueillir des renseignemens. Le lecteur jugera jusqu'à quel point j'ai réussi,
et quel degré de confiance il doit accorder
à ceux sur lesquels j'ai travaillé.

Je continuerai sur les mêmes bases,
et je prends d'avance l'engagement de
ne rien aventurer et de ne rien écrire,
qu'après m'être convaincu de la vérité

des faits que je croirai susceptibles d'intéresser et de piquer la curiosité.

Pour remplir plus complettement cette
obligation, j'invite tous ceux de mes camarades qui voudront bien contribuer au
succès d'un travail dont je n'ai formé l'entreprise que pour perpétuer le souvenir
de ce qu'ils ont fait, et dans la vue de
mettre en évidence tout l'éclat des armes
républicaines, à seconder mes efforts, en
me transmettant les connoissances qu'ils
ont acquises.

Je ne crois pas, au surplus, qu'il soit
nécessaire que je m'étende beaucoup sur
l'utilité de l'ouvrage que je présente au
public ; le sujet est si intéressant, qu'il
porte sa recommandation avec lui. J'ai
tout lieu de croire que son importance
balançant les défauts de l'exécution, en
rendra la lecture plus supportable.

Je me fais justice d'avance. S'il n'est
pas favorablement accueilli, ce sera nécessairement la faute de l'écrivain, et
la preuve incontestable qu'il a entrepris
une tâche au-dessus de ses forces. Mais

si le mérite de l'intention et la considération des motifs qui m'ont dirigé peuvent
me donner un titre à l'indulgence du lecteur, je me propose de continuer ce travail jusqu'à la paix générale ; et chaque
jour je rassemble les matériaux nécessaires pour le compléter.

En attendant, je vais hasarder la première partie ; elle contient les deux campagnes de l'année 1792. Je m'y déter-
mine d'autant plus volontiers, que chacun des chapitres de cet ouvrage traitant
d'une époque distincte des autres, il est
possible de les isoler sans rien déranger
de l'ensemble, et qu'en la soumettant
au public, chaque lecteur aura la facilité
de faire un essai d'après lequel il pourra
se décider, si ce qu'il aura lu lui convient,
à se procurer la suite, qui formera l'histoire entière de la guerre actuelle.

D'après ce plan, chaque volume con-
tiendra les campagnes de la même année,
et sera divisé en autant de chapitres qu'il
y aura eu de campagnes dans l'année.

Un sommaire précédera chaque chapitre, et la table générale terminera le dernier volume.

Le public n'éprouvera aucun retard dans les livraisons, parce que j'ai pris assez d'avance sur l'éditeur pour qu'il y ait toujours un volume sous presse, et au moins le manuscrit de l'autre à moitié, pendant que celui qui paroît se débite.

Par ce moyen, mon travail, qui formera sept volumes *in-8.°*, en y comprenant *les Campagnes de la Vendée*, dont je me propose de faire un volume séparé pour ne pas jetter de la confusion dans mes récits, sera terminé dans le courant de cette année.

Les cartes suffisamment détaillées pour que l'on puisse suivre sur le terrain le fil des événemens, étant aussi rares que dispendieuses, j'ai tâché d'y suppléer en plaçant à la fin de chaque partie une notice géographique dans laquelle on trouvera tous les endroits dont j'aurai occasion de parler, rangés suivant l'ordre alphabétique, avec leur situation comparativement avec les villes, fleuves, forêts, montagnes et autres lieux les plus voisins, qui présentent quelque importance et se trouvent par cette raison sur toutes les cartes ; de manière qu'avec une carte ordinaire il sera facile de reconnoître la position véritable des lieux les moins connus, quoiqu'ils ne soient pas portés sur la carte.

Je viens cependant de découvrir un travail très-précieux ; il se divise en deux parties, dont l'une, composée de douze cartes, embrasse tout le territoire français et le pays environnant que nos armées ont parcourus. Il indique les chefs-lieux de tous les cantons formés en France, en Belgique et en Hollande, le nom de chacun des Départemens, les routes et les relais.

Toutes ces cartes, qui sont extrêmement soignées et dont j'ai vérifié l'exactitude d'après ma connoissance de plusieurs des localités, peuvent être de la plus grande utilité pour les voyageurs de tous les états; elles peuvent même fournir des renseignemens très-étendus sur les positions de tous les lieux sur lesquels nous avons fait la guerre , et mettre le lecteur à portée de suivre la marche de nos armées.

Le prix est assez modéré pour que tous les amateurs puissent y atteindre , et nos deux ouvrages réunis , que l'on pourra néanmoins se procurer séparément , ne coûteront pas assez cher pour que l'on puisse considérer leur achat comme une dépense capable de ralentir la curiosité que leur objet doit inspirer.

Le second ne laisse rien à désirer. Il présente en ce moment soixante - cinq cartes , qui comprennent sur-tout, le nord de la France, la Belgique et toute la rive gauche du Rhin , avec des détails si étendus et si circonstanciés , qu'il n'y manque pas un seul des points qui n'avoient pu, jusqu'à ce jour , fixer l'attention des géographes , et que nos opérations militaires ont tirés de l'obscurité.

Les auteurs se proposent de traiter de même les autres pays qui ont été le théâtre de la guerre. Ce travail , lorsqu'il sera fini , formera l'ouvrage le plus complet qui ait paru jusqu'à ce jour sur la géographie de l'Europe, et il offrira aux militaires, outre les détails qui leur sont nécessaires pour faire la guerre et pour en étudier l'histoire en détail et avec fruit, une commodité de format qui le rend très-portatif, et qui ne se rencontre pas dans les ouvrages des autres géographes.

Chacun de ces recueils peut former un Atlas très-intéressant. Je me propose d'en joindre un de l'une ou de l'autre espèce, et suivant les demandes qui me seront faites, à quelques centaines d'exemplaires de mon travail.

Le public pourra d'ailleurs, s'il veut s'en procurer par lui-même, s'adresser directement aux auteurs dont voici l'adresse : *P. G. CHANLAIRE, rue Geoffroy-Langevin, n.º 828, et L. CAPITAINE, rue du Jardinet. Ces deux ouvrages se trouvent en outre chez tous les marchands de Géographie.*

On trouvera pareillement à la même adresse un dépôt des *Campagnes*, pour ceux qui voudroient avoir les deux ouvrages à-la-fois.

CAMPAGNES

CAMPAGNES
DES FRANÇAIS
PENDANT LA RÉVOLUTION.

ANNÉE 1792.

CAMPAGNE D'ÉTÉ.

CHAPITRE PREMIER.

SOMMAIRE.

INTRODUCTION, article 1.er. *Situation militaire de la France au premier avril 1792, 2. — Ressources et contrariétés qui se présentoient, 3. — Déclaration de guerre contre l'Autriche et la Prusse, 4. — Répartition des troupes françaises en quatre armées, 5. — Premières hostilités, 6. — Prise des gorges de Porentruy. Projet d'attaque sur Namur, 7. — Expéditions sur Mons et Tournai ; leur issue, 8. — Attaque de Furnes, 9. — Réflexions sur les premières opérations de la campagne, 10. — L'ennemi prend une revanche sur Bavai ; il est repoussé après avoir obtenu*

Année 1792.   A

———

1. Les manœuvres employées, d'un côté pour arrêter le cours de la révolution, de l'autre, pour l'entraîner au-delà de ses limites, auroient couvert le nom français d'un opprobre ineffaçable si l'armée n'en avoit pas constamment soutenu l'éclat. Cette vérité, qui est évidemment démontrée sous le rapport de la politique, ne l'est peut-être pas tout-à-fait assez sous le rapport militaire. J'ai tâché d'en rassembler les preuves dans le travail que l'on va lire ; il peut inspirer de la confiance sur la vérité des détails qu'il présente ; car indépendamment de la fidélité des sources dans lesquelles j'ai puisé tous ceux que je ne connoissois pas par moi-même, je n'ai pas perdu de vue, un seul instant, que chacun des faits que j'écrivois ayant eu des milliers de témoins existans, la moin-

dre inexactitude m'exposeroit à une infinité de
démentis.

La guerre étoit devenue d'une nécessité indispensable. Il étoit du plus grand intérêt pour
les Français d'entrer les premiers en campagne, afin de mettre à profit tout l'essor de
l'impétuosité nationale, et de prévenir l'attaque
de cette foule d'ennemis qui ne cherchoient
qu'à nous amuser et à nous surprendre, pour
nous écraser plus facilement.

2. Nous manquions, à la vérité, de tous les
moyens nécessaires pour attaquer et pour nous
défendre ; nos places fortes étoient dénuées de
toute espèce d'approvisionnemens, et plusieurs
d'entre elles étoient délabrées. Tous nos corps
militaires étoient tellement désorganisés par
l'émigration des officiers de l'ancien régime,
et par la mauvaise volonté de ceux que la politique ou quelque calcul particulier avoient
empêché de partir, que l'on étoit obligé de
prendre tout ce que l'on trouvoit pour opérer
les remplacemens. La disette d'officiers disposés à servir utilement étoit si absolue, que je
fus, en quelque sorte, contraint moi-même de
quitter le secrétariat général d'un département
pour me mettre à la tête d'un bataillon dont le
commandement avoit été rejetté par quatre
refus successifs, quoique l'on eût employé
d'ailleurs, pour le briguer, les ressorts les plus

séduisans. Cette désertion, qui s'étoit fait sentir dans toutes les armes, étoit encore plus marquante dans celle du génie ; ce corps se trouvoit si dénué de sujets, qu'à de très-foibles exceptions près, le service ne s'est fait, pendant tout le cours de la guerre, que par des élèves tirés des ponts et chaussées.

3. Il est vrai que nous avions des *soldats* pleins de courage, de bonne volonté, d'enthousiasme, et capables d'exécuter tout ce que l'on voudroit entreprendre, pourvu qu'ils fussent bien dirigés. Chaque régiment de ligne présentoit, en outre, un corps de sous-officiers dans lequel on a trouvé des connoissances et des talens très-précieux ; mais je dois ajouter que, par suite de cette fatalité qui place toujours le mal à côté du bien, et qui entraîne ordinairement la balance du mauvais côté, il se trouvoit parmi eux bien des *gannaches* qui n'avoient d'autre mérite que l'ancienneté, et dont l'ineptie a paralysé les grades que la loi leur déféroit.

Cependant nos ennemis les plus redoutables n'étoient pas les plus apparens. Leurs attaques ou leur résistance ne formoient pas les obstacles les plus forts que nous eussions à surmonter ; l'intrigue et la marche récalcitrante du pouvoir exécutif contrarioient l'exécution de toutes les mesures. La trahison et la perfidie

A 4

préparoient nos défaites ou contrarioient nos succès.

4. C'est sous ces auspices décourageans que la guerre a été proposée et résolue, par un décret, contre l'Autriche et la Prusse, en avril 1792.

5. Le premier bataillon de chaque régiment d'infanterie, les deux premiers escadrons de chaque corps de cavalerie, que les réglemens du 29 février précédent destinoient à entrer en campagne, et les bataillons de volontaires nationaux qui se trouvoient alors formés, furent répartis dans quatre armées composées des onze premières divisions militaires et de la seizième, sous les ordres des généraux *Rochambeau*, *Luckner*, *la Fayette* et *Montesquiou*. Les dix autres divisions restèrent affectées au service de l'intérieur.

6. Il y eut d'abord de part et d'autre quelques attaques de tirailleurs sur les différens points de l'extrême frontière; mais ces petites affaires de poste, qui faisoient perdre du monde en détail, ne produisant aucun effet décisif, on se détermina à porter des coups plus sérieux.

L'esprit de parti qui a précédé la révolution, et qui a dirigé depuis une très-grande partie des affaires, étendit son influence sur le plan de campagne et sur son exécution.

7. *Custines*, qui tenoit la droite de l'armée

de *Luckner*, eut ordre de s'emparer des gorges
de Porentruy, et l'exécuta sans éprouver aucune résistance de la part des Autrichiens.
La Fayette, qui étoit à Givet avec douze mille
hommes, instruit à temps des échecs de Mons
et Tournai, sur lesquels je vais à l'instant donner quelques détails, ne risqua pas l'attaque
qu'il étoit chargé de faire sur Namur. Deux
avant-gardes de chacune dix bataillons et dix
escadrons reçurent également l'ordre de se
présenter, l'une devant Mons, l'autre devant
Tournai.

8. *Biron*, qui commandoit la première,
après avoir cantonné dans les environs de Valenciennes, s'empara de Quiévrain ; mais ayant
trouvé l'ennemi en forces supérieures sur les
hauteurs en-deça de Mons, qui lui parurent
retranchées et garnies de batteries, il fût obligé
de se replier. L'ennemi le suivit dans sa retraite ; elle devint une déroute par le désordre
qui se mit dans sa troupe. Il auroit vraisemblablement été suivi jusques sous le feu de
Valenciennes, s'il n'avoit pas eu la précaution
de retourner à la charge et de reprendre Quiévrain, avec le quarante-unième d'infanterie
qui fit des prodiges de valeur, mais qui ne put
néanmoins se soutenir dans un poste que les
circonstances rendoient trop périlleux pour
des forces aussi disproportionnées.

Cependant le général *Rochambeau* sortit de
Valenciennes et se porta sur les hauteurs de
Sainte-Sauve pour favoriser la retraite, mais
cette mesure n'opéra aucun effet, parce que
rien ne se faisoit de concert ; elle n'empêcha
pas que le camp ne fût pillé par les hulans
de l'ennemi, et que les effets de campement
et les équipages ne fussent perdus.

Dillon, qui étoit chargé de l'attaque sur
Tournai, fut plus malheureux encore. En
sortant de Lille il avoit bivouacqué, avec sa
troupe, à Hellemmes ; il s'etoit ensuite porté
sur Baisieux et de-là sur Marquain. Une hauteur lui déroboit l'ennemi qui s'étoit embus-
qué, et qui, dès qu'il vit nos troupes à bonne
portée, démasqua une batterie de grosses pièces
et fit un feu qui jetta dans cette colonne un
désordre plus dangereux encore que celui qui
avoit mis en déroute celle de *Biron*, dans l'expédition de Mons. Des cris de *nous sommes
trahis* étoient si généralement répandus, que
le général ne crut pas devoir rester à la tête
de sa troupe. Il se sauva dans une grange où
il fut trouvé sur la paille. On le ramena à
Lille dans un cabriolet. A peine fut-il arrivé
en dedans de la porte de Fives qu'on lui fit
sauter la cervelle ; son corps fut mis en pièces
et brûlé sur la place d'armes. Ce premier moment d'effervescence produisit des désordres

et des scènes dont le souvenir est pénible pour l'homme pensant, et sur-tout pour un guerrier.

9. Le général *Carle*, qui avoit réussi dans son exécution sur Furnes, ne pouvant conserver cette place, fut obligé de l'évacuer.

Telle fut l'issue des premières opérations de cette campagne. Elles donnèrent lieu à une infinité de réflexions que la malignité commenta, et dont l'examen n'est satisfaisant, ni sous le rapport de la politique, ni sous celui du service.

10. Il paroît en effet très-singulier que le général *Rochambeau* qui venoit d'être porté au grade de maréchal de France par le concours de tous les pouvoirs constitutionnels, et qui commandoit en chef l'armée que le ministère employoit dans les expéditions de Mons et Tournai, n'ait eu, sur l'ensemble de cette double opération, d'autres connoissances que celles que l'on ne pouvoit absolument lui cacher, et qu'il ignorât tous les secrets de confiance sur lesquels on s'étoit ouvert au général *Biron*, qui devoit agir sous ses ordres. Je n'ai jamais connu ce général, mais j'ai peine à croire qu'il dût éclipser *Rochambeau*. Il ne me paroît même pas aussi difficile que l'on pourroit le penser, de donner la raison de la différence que le ministère mettoit entre eux. Le ressentiment et l'ambition y entroient pour beaucoup, mais

une combinaison plus raffinée venoit encore à l'appui. *Rochambeau*, lorsqu'il parut devant le corps législatif avant de se rendre à l'armée, n'avoit pas hésité à déclarer son attachement pour la monarchie constitutionnelle ; et le parti dominant, quoiqu'affoibli par la scission qu'il venoit d'éprouver , avoit néanmoins encore assez d'influence pour ne souffrir dans les places aucun partisan de la constitution , et pour les remplir d'Orléanistes.

Il entroit dans les vues de ce parti de faire manquer l'expédition sur Mons et Tournai, et d'en rejetter la faute sur le général *Rocham-beau*, afin d'avoir un prétexte pour le décrier ou du moins pour le dégoûter du service.

Cette intrigue eut tout le succès que l'on en attendoit, et fut le début des trahisons que nous avons éprouvées depuis ; mais quelle que soit la vérité sur le fond de ces conjectures, il n'en est pas moins certain que *Rochambeau* , dégoûté par les désagrémens que lui occasion-nèrent les expéditions sur Mons et Tournai et par les tracasseries de *Dumouriez*, qui étoit encore à cette époque dans le ministère , ne tarda pas à donner sa démission.

Cependant l'ordre et la discipline se réta-blirent dans l'armée , de manière à donner des espérances plus flatteuses pour les opéra-tions ultérieures et pour le moment où la

troupe seroit purgée des intrigans qui cherchoient à l'égarer. D'un autre côté, l'émigration, qui faisoit chaque jour de nouveaux progrès, et qui a été portée si loin, qu'un régiment
de cavalerie et un de hussards désertèrent
depuis avec armes et bagages, nous débarras-
soit d'une infinité de malveillans dont la présence avoit produit des effets très-dangereux.

11. L'ennemi crut pouvoir hasarder de prendre une revanche. Il se présenta, au nombre de
trois mille hommes, devant Bavai qui n'étoit
défendu que par un détachement de quatre-
vingts hommes à qui l'on avoit recommandé
d'occuper l'extérieur de la ville, de ne se considérer que comme une patrouille, et de se
replier devant des forces supérieures. Mais tel
étoit alors l'esprit de l'armée, que la majeure
partie des chefs et des soldats, qui n'avoient
jamais fait la guerre, et chez qui la bravoure
suppléoit à l'expérience, ne connoissoit aucun
danger et regardoit toute espèce dé retraite
comme un opprobre. Ce préjugé, dont j'aurai
tout-à-l'heure occasion de citer un trait plus
frappant, aveugla tellement le détachement de
Bavai qu'au lieu de se retirer sur le Quesnoi,
comme son ordre le portoit, il fit la plus vigoureuse résistance et se compromit au point de se
laisser prendre. Un autre détachement de
vingt-cinq hommes, du troisième des hussards,

fut plus sage, il se replia lorsqu'il vit que l'ennemi entroit dans la ville ; il attendit vainement l'infanterie et se retira, par le Quesnoi, sur Jalam.

On prit sur - le - champ des mesures pour repousser l'ennemi, qui fut obligé d'évacuer Bavai. Cette expédition se fit avec un ordre et une rapidité qui meritèrent les plus grands éloges à l'avant - garde, commandée par le général *Luckner*, et au corps de troupes du général *Rochambeau*.

12. Quelques jours après, l'armée de *la Fayette* fit, avec autant de succès, un fourrage du côté de Philippeville.

13. A- peu-près dans le même temps le général *Gouvion* fut attaqué à Hamptines près Florennes, par des forces très-supérieures qui s'étoient réunies de plusieurs points. Il n'avoit pas avec lui quatre mille hommes, et son artillerie se réduisoit à huit pièces de bataillon. L'ennemi, plus fort du double, avoit des pièces de position et des obusiers ; mais, malgré cette extrême disproportion, *Gouvion* ne voulut se retirer qu'en disputant le terrain. L'avant-garde autrichienne fut d'abord repoussée deux fois. Cependant le général jugeant de la force de l'ennemi par son déploiement, dirigea ses équipages sur Philippeville. On se canonna long-temps. Une colonne ennemie arriva sur la

droite de notre position et y établit des batteries. Pour l'empêcher de déboucher sur un
ravin qui la séparoit de notre infanterie ,
Gouvion couvrit son flanc par deux régimens
de chasseurs auxquels il joignit une compagnie
détachée ; mais comme l'ennemi se disposoit à
passer en très-grandes forces le ravin et à tomber
sur notre infanterie , elle se forma en colonne,
par demi-bataillon , et se retira en bon ordre ,
chaque troupe conservant ses distances , la cavalerie couvrant le mouvement , et l'artillerie
profitant de chaque point avantageux pour
arrêter l'ennemi. Nous perdîmes , pendant cette
retraite , trois pièces de campagne ; une quatrième fut sauvée à la faveur d'un feu très-vif.
L'ennemi ayant ensuite rétrogradé vers le point
d'où il étoit parti , fut inquiété de si près , que
la cavalerie de son arrière-garde fut obligée
de charger trois fois le parti qui la suivoit , et
la position où l'on avoit combattu étoit encore
occupée par nos détachemens quelques heures
après la fin de l'affaire.

Je n'entre dans ces détails , qui ne paroîtront peut-être pas très-importans , que pour
fortifier , par de nouvelles preuves , l'opinion
qui s'étoit établie que des causes extraordinaires avoient influé sur les évènemens qui avoient
fait manquer les expéditions précédentes , en
faisant sentir toute la différence qui se trouve

dans la conduite que nos troupes ont tenue à deux époques très-rapprochées l'une de l'autre.

14. Cependant, malgré les espérances qu'elles donnoient pour l'avenir, le général *Rocham-beau*, qui avoit très-expressivement manifesté sa répugnance pour le plan de campagne adopté par le ministère, persista dans le dessein de se retirer, et, sous des prétextes de santé, il fit adopter sa démission.

15. Le commandement en chef se partagea entre *Luckner* et *la Fayette*. Le premier eut celui de l'armée du Nord; le second celui de l'armée du Centre, et *Biron* fut chargé de commander celle du Rhin.

Il y eut pendant quelque temps, dans les armées combinées du Centre et du Nord, beaucoup de mouvemens, à la suite desquels et tandis que *la Fayette* reconnoissoit le pays entre son camp et Mons, il s'engagea une escarmouche très-vive entre nos troupes légères et celles des Autrichiens.

16. Peu de jours après ils attaquèrent notre avant-garde, qu'ils se proposoient de surprendre; mais le général *Gouvion*, qui la commandoit, averti à temps, renvoya ses équipages sur Maubeuge, et commença, en se repliant, un combat dans lequel son infanterie se trouvoit continuellement couverte par des haies. Les colonnes

colonnes ennemies souffrirent beaucoup dans
ce combat du feu de notre canon, particulièrement de quatre pièces d'artillerie à cheval.
Un ouragan très-violent ayant empêché d'entendre les signaux, retarda la connoissance
de l'attaque. Je dois observer ici qu'il est assez
difficile de concevoir pourquoi l'avant-garde
étoit tellement détachée du corps de la troupe,
qu'elle ait pu se batire avec tant de vivacité,
et pendant si long-temps, sans que celle-ci en
ait eu connoissance, ne fût-ce que par la voie
des ordonnances. Mais quelle qu'en ait été la
raison, dès l'instant où le camp fut averti,
on fit partir une colonne d'infanterie, soutenue par de la cavalerie, sous les ordres du
général *Narbonne* qui se dirigea sur le flanc
de l'ennemi, tandis que la réserve se portoit
au secours de l'avant-garde. Le reste de l'armée
marcha en avant, et ces dispositions forcèrent
l'ennemi à se retirer dans son ancien camp,
en abandonnant avec le terrain, une partie de
ses morts et de ses blessés. Nous dépassâmes
de plus d'une lieue le camp de notre avant-
garde, qui reprit tous ses postes.

On n'auroit eu qu'à se féliciter des avantages
obtenus en repoussant cette attaque, si, par
la plus cruelle fatalité, elle n'avoit pas enlevé
à la patrie un de ses meilleurs citoyens, à
l'armée un de ses plus utiles officiers, et au

Année 1792. B

général *la Fayette*, un ami qui, par la sagesse de ses conseils, l'auroit peut-être détourné de la fausse démarche qui depuis l'a contraint à s'expatrier.

Le général *Gouvion* avoit, comme on vient de le voir, commencé sa retraite ; il la faisoit honorablement quand il s'apperçut que le bataillon de la Côte-d'Or ne bougeoit que pour avancer. Sur-le-champ il lui envoya l'ordre de se replier ; mais le bataillon ne voulut jamais consentir à reculer. Le général, qui admiroit son courage en même-temps qu'il blâmoit sa désobéissance, se porta vers lui. Il écrivoit à cheval l'ordre itératif de rétrograder, lorsque dans cette position, un boulet emporta la tête de son cheval et le frappa lui-même mortellement à la poitrine. Un pareil événement nous priva un an après du général *Dampierre*, ainsi que je le dirai par la suite. Il fut également funeste pour le bataillon, que l'ennemi tailla en pièces, et pour ses deux chefs qui devinrent les victimes de cette coupable ardeur qu'il n'avoit cependant pas été en leur pouvoir d'arrêter. Ils tombèrent entre les mains des Autrichiens, qui les écharpèrent.

17. Le principal mobile qui dirigeoit les premières opérations de cette campagne, étoit l'espérance que les Belges nous appuieroient. sinon par une insurrection générale,

du moins en nous procurant de nombreuses intelligences dans leur pays. Cette espérance étoit la chimère de *Dumouriez*. Il l'a poussée aussi loin qu'elle ait pu aller, jusqu'à l'instant où il a quitté le commandement de nos troupes. Elle avoit motivé ses expéditions sur Mons et Tournai; et ni leur funeste issue, ni l'indifférence, qu'à quelques foibles exceptions près, tous les Belges témoignèrent à notre approche, ne purent faire ouvrir les yeux sur la fausseté de ce systême, qui n'avoit d'autre fondement que des rapports exagérés sur le mécontentement qui régnoit dans le pays. On ne fit pas assez d'attention à la diversité de leurs opinions: elle étoit cependant trop marquée pour que l'on pût raisonnablement espérer de trouver les esprits disposés à se déclarer en notre faveur.

J'ai été à portée de me convaincre, pendant trois ans que j'ai fait la guerre dans la Belgique, que les données qui nous ont été présentées sur les habitans du pays, étoient aussi fausses que celles que les émigrés fournissoient dans le même temps aux Prussiens, sur les dispositions des Français, pour les encourager à faire leur expédition sur la Champagne. Dans la vérité, nos succès les plus réels dans tout le pays, ne commencent à dater que de l'époque où, sans nous reposer avec trop de confiance sur l'amitié prétendue des Belges, nous nous sommes déterminés à faire la guerre, dans cette contrée, d'après les règles ordinaires.

Entraînés par la même erreur, nous essayâmes une nouvelle entreprise sur un autre point de la Belgique. *Luckner* fut chargé de l'exécuter, tandis que *la Fayette* se rapprochoit de Maubeuge, pour contenir les troupes autrichiennes campées sur Mons. On établit des camps sur l'extrême frontière, notamment à Maulde et à Famars, afin de tenir en échec toutes les troupes postées à Tournai, pendant que *Luckner* opéreroit sur la West-Flandre.

18. D'après ces dispositions, qui étoient combinées sur des bases très-militaires, *Luckner* fit une irruption sur Menin et sur Courtrai, dont il s'empara successivement. Il établit son quartier général à Menin, et l'armée qu'il commandoit couvrit tout le pays entre Bruges et Bruxelles. Il falloit suivre rapidement ces premiers succès pour qu'ils pussent produire quelque utilité, et il étoit d'autant plus facile d'en profiter et de les pousser plus loin, que tout le pays étoit découvert, et que les Autrichiens, qui avoient à la vérité de quoi faire des reconnoissances, et qui harceloient même de temps en temps nos avant-postes, n'avoient réellement pas dans cette partie des forces suffisantes pour balancer celles de *Luckner* et de *la*

Fayette. Mais on fit trop et trop peu, et l'on perdit un temps précieux et irréparable.

On doit néanmoins convenir, en mêmetemps, que nous n'aurions pas beaucoup gagné à étendre davantage nos conquêtes à cette époque, par l'impossibilité de les conserver, dans un pays ouvert de toutes parts depuis que ses places ont été démantelées, et qui tombe nécessairement sous la main du parti qui peut déployer le plus de forces en campagne. On auroit d'ailleurs couru les risques d'être coupé par l'ennemi, et de laisser Lille, Condé, Valenciennes et les autres places intermédiaires à découvert. La force des événemens nous auroit en outre contraints à abandonner tôt ou tard ces conquêtes, comme on l'a fait depuis pour les camps retranchés, afin de faire face à l'ennemi, dont les têtes de colonne s'avançoient dans l'électorat de Trèves et non pas dans les Pays-Bas.

Luckner ne fit donc que céder par anticipation à cette nécessité lorsqu'il se détermina à évacuer Courtrai et Ménin, et à se retirer sur Valenciennes. Ce n'est point à lui qu'on doit reprocher l'incendie des dehors de Courtrai. Quoiqu'il n'ait paru propre qu'à faire un général d'avant-garde, il connoissoit néanmoins trop bien les lois de la guerre, pour commettre des excès dont la barbarie semble avoir eu pour objet de nous rendre odieux à tout le pays , et de détruire l'affection si préconisée des Belges pour les François. Cette exécution inutile, et qui tient plus du brigandage que des opérations militaires, fut commandée par le général *Jarry* , qui attira sur lui, par une conduite aussi criminelle , l'exécration de tous les gens du pays, et le mépris de tous les militaires des deux partis.

En réfléchissant sur les excès que certains individus se permettoient de temps à autre , dans les différentes armées, et dans des circonstances marquantes , on seroit tenté de croire que quelque génie malfaisant avoit pris à tâche de discréditer successivement tous nos généraux et d'imprimer sur eux le cachet de la défaveur.

19. *Luckner* , à la suite de sa retraite , vint occuper le camp de Famars près Valenciennes. *Dumouriez* , qui venoit de quitter le ministère , joignit l'armée dans cette ville pour être employé dans son grade de lieutenant-général. Il fut très-mal vu par tous les autres généraux sans exception. Chacun d'eux désapprouvoit le plan de campagne , et savoit que *Dumouriez* en étoit l'auteur. Après plusieurs débats , dont le détail seroit inutile , on l'envoya commander le camp de Maulde où il resta quelque temps sans que les circonstances aient amené aucun événement remarquable.

20. Des combinaisons étrangères au sujet que je traite, déterminèrent *Luckner* et *la Fayette* à changer le local de leur commandement respectif. Le premier s'en retourna à Metz, et le second vint le remplacer à Valenciennes. Chaque armée suivit son général, quoiqu'aucun motif apparent ne justifiât ce déplacement, qui ne pouvoit s'opérer sans exposer notre frontière et peut-être même la sûreté des deux armées.

21. Par suite de l'ordre concerté entre *Luckner* et *la Fayette*, *Dumouriez* fut rappelé à Valenciennes pour servir sous les ordres de *la Fayette*. L'ancienneté de son grade lui déféra le commandement général dans tout le département du Nord, et particulièrement celui du camp de Famars, avec ordre d'y rester jusqu'à l'arrivée de *Dillon*, son ancien, époque à laquelle il devoit rejoindre *Luckner* à Metz pour servir dans son armée.

Je trouverai par la suite l'occasion d'entrer dans quelques détails relatifs à ces deux camps de Maulde et de Famars ; mais je vais, pour le moment, me renfermer dans le cercle des opérations qui furent faites à cette époque par les troupes qui les occupoient.

22. Nous étions alors au 12 de juillet. Le duc de *Saxe-Teschen* rassembloit à Mons une armée d'environ vingt mille hommes, et le

camp de Tournai étoit fort de dix à douze
mille. En cas d'irruption , *Dumouriez*, qui
commandoit sur les points opposés , n'avoit à
disposer que de quatorze bataillons et sept
escadrons répartis entre les deux camps. On
devoit néanmoins s'attendre que les Impériaux ,
débarrassés de l'armée de *Luckner*, feroient une
invasion dans le département du Nord. D'un
autre côté , les places de la Flandre étoient
mal approvisionnées , les garnisons foibles ,
aucun ouvrage de palissadé, aucune artillerie
de disposée ; on manquoit , dans toutes les
places , de munitions et de canonniers ; dans
aucune les inondations ne pouvoient être
tendues. Douai avoit une brèche de plus de
trois cents toises ; et la seule ville de Condé
pouvoit alors soutenir un siège , par les soins
qu'avoit pris son commandant pour la mettre
en état de défense.

23. Le 14 juillet , pendant que l'armée
célébroit la fédération dans le camp de Famars ,
il se répandit une fausse allarme. On vint avertir
Dumouriez que les colonnes ennemies arri-
voient sur Valenciennes, par Sebourg. Le général s'y porta et ne vit rien qui pût motiver cet
avis. Il avoit seulement paru quelques hussards.
Mais dans la nuit précédente, à-peu-près cinq
mille Impériaux partant de Tournai, tombèrent
sur Orchies, qui n'étoit gardé que par un bataillon

des volontaires de la Somme, avec ses deux pièces de campagne et trente dragons. Ils attaquèrent avec fureur par deux portes du côté de Douai et de Lille. Il fut impossible de tenir dans ce poste; on n'avoit pas eu le temps d'élever les défenses qui avoient été ordonnées. Le bataillon, après s'être défendu avec le plus grand courage, fut obligé de faire sa retraite, et la dirigea sur Saint-Amand. *Dumouriez* ayant appris cette attaque, dans la journée du 14, leva sur-le-champ le camp de Famars et arriva le lendemain, à la pointe du jour, à Saint-Amand. Il envoya l'ordre à *Beurnonville* de ne laisser que les gardes dans le camp de Maulde, et de marcher à Rumegies pour couper la retraite aux Autrichiens, pendant, qu'avec les six bataillons qu'il avoit trouvés sous sa main, et les trois qu'il se proposoit de rassembler à Saint - Amand et à Marchiennes, il iroit les attaquer dans Orchies. Le général *Marassé*, qui commandoit à Douai, sans attendre l'ordre, sortit en même-temps avec huit cents hommes de sa garnison, et se porta de son côté sur Orchies. Ces dispositions cernoient l'ennemi, qui, pour en éviter l'effet, se replia dans la nuit du 14 au 15.

Dumouriez, instruit de sa retraite, alla rétablir la même garnison dans Orchies, et prit le parti de rassembler quinze bataillons

au camp de Maulde avec cinq escadrons, pour
avoir au moins son petit corps d'armée réuni sur
le même point. Il donna en outre au général
Carle l'ordre de faire partir, sur-le-champ,
de Dunkerque, pour venir le rejoindre, cinq
bataillons et deux escadrons, qui n'arrivèrent
que long-temps après, et il se remit à la tête
du camp de Maulde, d'où il recommença
à harceler l'ennemi pour le contenir et pour
aguerrir nos troupes.

Le général *Chazot*, avec huit bataillons de
l'armée de *la Fayette*, arriva le 20 à Valenciennes. *Dillon* s'y rendit le 22, avec quatre
ou cinq bataillons qu'il avoit ramassés en
route. *Dumouriez*, de son côté, avoit donné
l'ordre d'en tirer autant des garnisons de
l'intérieur les plus voisines, indépendamment
de ceux qu'il avoit demandés au général *Carle*.
Il remit à *Dillon* le commandement général
et se renferma dans celui du camp de Maulde.

24. Le duc de *Saxe - Teschen* venoit de
faire un mouvement pour opérer une invasion sur le territoire français, et, partant de
Mons, il étoit venu camper à Bavay. Ce contre-
temps mettoit *Dumouriez* dans l'impossibilité
d'exécuter l'ordre que *Luckner* lui avoit donné
de le joindre à Metz, avec six bataillons et
cinq escadrons, parce que son départ auroit
dégarni le département du Nord, au moment

où l'ennemi y pénétroit. *Dillon* lui-même qui avoit le commandement général, s'y opposa ; mais comme le moindre retard étoit une déso-béissance formelle, on assembla un conseil de guerre dans lequel il fut décidé, d'après l'avis de tous ceux qui y assistèrent, et d'après les réclamations des corps administratifs de tout le département, que le général *Dumou-riez* resteroit avec sa division sous les ordres du général *Dillon*, jusqu'à ce que les Impé-riaux ne menaçassent plus cette partie du territoire français, ou qu'ils s'en fussent retirés.

Le procès-verbal qui contient cette décision, et qui porte injonction à *Dumouriez* de l'exécuter, fut rédigé par le commissaire-ordonnateur *Malus*, et adressé, tant au mi-nistre qu'à *Luckner* et *la Fayette*. *Luckner*, qui ne vit dans cet acte qu'un trait d'in-subordination, se fâcha très - sérieusement contre *Dumouriez*.

25. Il est aisé de sentir que toutes ces brouil-leries de généraux nuisoient essentiellement au service, et de reconnoître que leur source dé-rivoit de ce qu'aucune autorité supérieure n'ayant la consistance nécessaire pour établir de l'ensemble dans les opérations ; chacun vouloit faire à sa tête et cherchoit à se rendre indépendant. On porta de part et d'autre des

plaintes au ministère, qui fut si long-temps sans s'en occuper, que les événemens ultérieurs rendirent la réponse inutile.

Dillon s'étoit avisé de mettre à l'ordre un serment très-délicat dans les circonstances du moment. *Dumouriez* refusa de le faire prêter aux troupes qu'il commandoit. Il s'éleva entre eux une lutte dont les débats furent portés jusqu'au corps législatif, et qui se termina par opérer la disgrace de *Dillon* et par rétablir la confiance en *Dumouriez*.

26. D'un autre côté, *la Fayette* quitta son armée sans congé, pour se rendre à Paris, sous des prétextes, dont la pureté fut si violemment suspectée, qu'il fut obligé de repartir sur-le-champ pour éviter la punition qu'on lui préparoit, et que peu de jours après son retour il prit le parti de passer à l'étranger, après avoir fait arrêter trois commissaires que le corps législatif avoit envoyés dans son camp.

Ce n'est pas ici le moment d'examiner quel étoit le but de toutes ces intrigues, dans lesquelles l'ambition et le désir de jouer un rôle entroient pour beaucoup de part et d'autre. Je ne dois, d'après mon plan, les envisager que sous le rapport militaire.

27. *Dumouriez*, qui ne se plaisoit pas en sous-ordre, aspiroit depuis long-temps au commandement en chef, au généralat absolu.

Il étoit déjà parvenu à dégoûter le général *Rochambeau* et à l'écarter. *La Fayette*, par sa conduite équivoque, s'étoit réduit à la nécessité de quitter la France. *Dillon*, après avoir fait une infinité d'efforts pour se disculper sur l'affaire du serment, se trouvoit encore trop heureux de conserver un commandement secondaire. *Luckner* seul restoit à la tête de nos troupes ; mais, malgré toute sa bonne volonté, il étoit parvenu à cet âge où il ne reste plus assez de vivacité ni de ressort pour commander une armée.

Toutes ces circonstances rendoient très-difficile le choix d'un chef qui pût diriger l'ensemble des opérations nécessitées par les besoins du moment, et cependant il étoit très-pressant de prendre un parti. On se décida pour *Dumouriez*, qui, abstraction faite de ses écarts politiques, a réellement déployé les plus grands talens militaires.

Il reçut, avec sa commission, l'ordre de faire arrêter *la Fayette* ; mais ce dernier, qui avoit pris les devants, s'éloignoit déjà du territoire français, accompagné ou suivi de presque tous les officiers généraux de l'armée et de son état-major. Cette désertion étoit si générale, qu'il ne restoit plus dans toute l'armée que trois généraux ; savoir, *Ligneville* enfermé dans Montmédi qui étoit presqu'in-

vesti par les Prussiens ; *Dangest*, général d'artillerie, qui commandoit l'armée par *interim*,
et *Diettmann*, vieil officier fort brave, mais
n'ayant pas de très - grands moyens.

Jusqu'à ce moment, tout s'étoit réduit à des
affaires peu importantes et qui n'avoient produit de part et d'autre aucun avantage marquant et décisif. La déclaration de guerre
avoit été si brusquée que les puissances coalisées qui se proposoient de nous surprendre,
l'avoient été elles-mêmes. Nous étions entrés en
campagne sans donner à leurs troupes le temps
d'arriver aux lieux de rassemblement. La majeure partie d'entre elles avoit été obligée de
faire un trajet immense pour parvenir à sa
destination, et celles qui étoient les plus rap-
prochées n'avoient servi qu'à tenir les nôtres en
haleine, et à les former par les différens combats de détail qui s'engagèrent successivement ;
mais elles nous avoient du moins fourni l'occasion de présenter notre *fayence* (·1) au premier feu pour la durcir. L'expérience a démontré que, sous ce rapport, nous n'avions
pas trop mal réussi.

28. Cependant les forces de l'ennemi se

_____

(1) Dénomination sous laquelle les emigrés désignoient
nos volontaires nationaux, par allusion aux trois couleurs
qui composent l'uniforme.

rassemblèrent et ne tardèrent pas à présenter un appareil imposant. L'armée de la coalition, qui s'avançoit pour pénétrer par la Champagne, marchoit sur un front dont l'étendue se prolongeoit depuis Virton jusqu'à Sar-Louis. L'aile droite, forte de trente mille hommes et commandée par le général *Clairfait*, fut prendre poste à Carignan ; le centre, composé de cinquante mille hommes qui avoient à leur tête le roi de Prusse et le duc de *Brunswick*, vint faire un simulacre de siège sur Longwi ; et la gauche, qui formoit un corps de vingt-cinq mille hommes sous les ordres du prince *Hohenlohë-Kirckberg*, se présenta devant Thionville, et remplit l'intervalle jusqu'à Sar-Louis. La réserve, composée de vingt mille émigrés réunis à cinq mille hommes tirés des trois autres corps de l'armée, resta en seconde ligne dans la direction des troupes de *Brunswick* et sur les derrières de Longwi.

L'ensemble de ces troupes formoit un total de cent trente-cinq mille hommes, sans y comprendre celles du Brisgaw et de la Flandre, évaluées à quatre-vingt mille hommes. Toutes ces armées étoient soutenues par des trains d'artillerie très-nombreux, et pourvues très-abondamment de tous les genres de munitions nécessaires pour faire la guerre et pour former des entreprises de la plus haute importance.

Les puissances coalisées, pleines de confiance dans leurs troupes et de mépris pour les nôtres; fières d'ailleurs de la supériorité qu'elles avoient sur nous, au moins du côté du nombre, sembloient partager la présomtion des émigrés, et leur début fut cette fameuse proclamation de *Brunswick*, qui prenoit déjà le ton altier d'un vainqueur, avant même d'avoir engagé le combat. Le succès paroissoit si assuré, le roi de Prusse se croyoit tellement le maître de la France, qu'il donnoit déjà des ordres pour faire préparer son logement à Paris.

Les actes d'hostilité suivirent de près la menace. Les intelligences que l'ennemi s'étoit ménagées dans Longwi, lui livrèrent cette place, qui ne fit, pour se défendre, que quelques efforts simulés, malgré tous les moyens qu'elle pouvoit employer pour retarder au moins sa défaite et sa honte. Quelques jours après il s'empara de Verdun, qui ne fit pas une défense plus honorable, et de quelques autres villes ouvertes et sans défense; mais tous ses efforts échouèrent devant Thionville.

29. Pendant que tous ces mouvemens se faisoient sur les frontières de la Champagne, *Dumouriez* préparoit, dans le département du Nord, ses mesures pour exécuter un nouveau projet d'invasion dans la Belgique. Il venoit d'envoyer

d'envoyer *Dillon* prendre le commandement de l'armée du Centre, et il espéroit que ce général, par sa réunion et son concert avec *Luckner,* qui étoit à Metz avec un corps de douze mille hommes, arrêteroit l'ennemi; tandis que, de son côté, il opéreroit sur le territoire autrichien une diversion assez forte pour contraindre l'ennemi à changer sa première direction. Son espoir étoit fondé sur ce que le point menacé par l'ennemi étoit couvert par une ligne de places fortes qu'il falloit prendre pour pouvoir pénétrer dans les départemens qui composoient ci - devant la Lorraine et la Champagne. Il en concluoit que le siège de toutes les places devant naturellement entraîner des longueurs, elles lui donneroient le temps d'entrer dans les Pays-Bas et de changer la nature de la guerre par cette invasion. Le général *Chazot,* qui connoissoit le pays et qui y avoit commandé très-long-temps, eut ordre d'accompagner *Dillon,* à qui *Dumouriez* donna en ou re le général *Vouillé* pour chef d'état - major.

Mais la sécurité de *Dumouriez* fut troublée par les avis qu'il reçut de la part de *Dangest.* Ce général lui annonçoit que l'ennemi venoit d'entrer en France sur deux points; qu'un des corps de son armée mettoit le siège devant Longwi, tandis que l'autre se portoit sur Thionville.

Année 1792. C

Quoique cette nouvelle ne lui parût pas très-alarmante , d'après l'idée qu'il avoit de la bonté de ces deux places , il prit cependant le parti de se rendre sur les lieux pour voir l'état des choses par lui-même ; mais cette détermination ne l'empêcha pas de s'occuper, jusqu'à l'instant de son départ , des mesures relatives au projet sur la Belgique , et de celles qui lui parurent nécessaires pour couvrir le département du Nord , dans le cas où ce département seroit attaqué.

A son arrivée à Sedan , le 28 d'août , il trouva le mal plus grand encore qu'on ne le lui avoit annoncé. L'armée étoit partagée en deux corps , dont l'un , qui formoit l'avant-garde, composé de six mille hommes, occupoit sur la rive droite de la Meuse et sur les hauteurs de Vau, un camp trop étendu pour une troupe aussi peu nombreuse ; et dont l'autre , formant le corps d'armée , composé de dix-sept mille hommes, étoit campé à trois lieues en arrière, sur les hauteurs qui dominent Sedan.

Ces positions , déjà mauvaises par elles-mêmes , valoient encore moins pour le genre de résistance que l'état des choses prescrivoit d'opposer à l'ennemi. Longwi venoit de se rendre ; et Verdun , qui étoit déjà menacé, ne tarda pas à suivre son exemple , malgré les efforts que l'on fit pour secourir cette place ,

et malgré le courage héroïque du chef de
bataillon, *Baurepaire*, qui, par un excès de
désespoir, nous priva d'un très-brave homme,
en se brûlant la cervelle.

Thionville et Metz étoient dangereusement
exposés; et il n'y avoit aucun moyen d'opérer
une jonction avec l'armée de *Luckner*.

Dumouriez, convaincu qu'il s'exposeroit à
tout perdre, s'il persistoit dans son projet sur
la Belgique et s'il restoit inactif dans la position de Sedan, reconnoissant d'ailleurs qu'il
étoit pressant de prendre un parti, assembla
un conseil de guerre dans lequel il fut proposé
de passer la Marne et de gagner Châlons avant
que l'ennemi ne s'y portât. Cette proposition
étoit fondée sur les risques qu'il y avoit à
courir en se laissant prévenir par l'ennemi,
qui dès-lors se seroit trouvé entre Paris et
l'armée française, et sur ce que le salut de la
capitale étoit plus important que la conservation d'un pays qu'il étoit impossible de défendre. Mais elle avoit l'inconvénient de laisser à
la discrétion de l'ennemi, les départemens de
l'Aisne, de la Meuse, des Ardennes, de la
Meurthe et des Vosges, que l'on n'auroit pas
facilement recouvrés s'ils avoient été perdus
dans cette circonstance; d'attirer les Prussiens
sur nos talons; de donner à la retraite un air
de déroute, et de couper toute communication

avec la droite et la gauche de notre ligne. D'un autre côté, elle mettoit l'ennemi à portée de quitter un pays ingrat pour aller s'établir dans des contrées très fertiles ; de prendre une route plus aisée pour se rendre à Paris, et de forcer même le passage au - dessus et au - dessous de Châlons , dans le cas où il s'opiniâtreroit à suivre cette route.

Dans l'état de détresse où nous nous trouvions réduits, ils ne nous restoit plus d'autres moyens défensifs que les difficultés du local et les chicanes du terrain.

Dumouriez saisit rapidement cette vérité. On ne peut lui contester le mérite d'avoir, dans une circonstance aussi embarrassante, vu la chose sous son véritable aspect. Il jugea la position de l'ennemi , au premier coup-d'œil ; et il adopta , avec la justesse la plus précise, le plan de défense qui étoit tout à-la-fois, et le seul et le plus sûr que l'on pût suivre pour résister à des forces infiniment supérieures , et pour les détruire sans s'exposer à aucun échec.

Au surplus , il dirigea sa conduite sur celle des puissances coalisées , et il s'attacha surtout à tirer parti des fautes qu'il leur voyoit faire.

3o. L'empereur et le roi de Prusse, trompés par la jactance des émigrés, ne s'étoient engagés dans cette guerre que parce qu'ils avoient espéré, sur la foi de leurs promesses, qu'il suffiroit de se présenter pour entrer en conquérans. Les intrigues qui désoloient l'intérieur, les affaires de Mons et de Tournai, la reddition de Longwi et de Verdun, tout, en un mot, concouroit à fortifier cet espoir; mais ils ne tardèrent pas à reconnoître que nous avions réellement l'intention de leur résister; et cette découverte, qui déconcertoit leurs projets, tandis que, d'un autre côté l'attitude imposante que la nation française prit à l'époque de la déclaration de guerre leur exagéroit nos moyens et nos ressources, les rendit un peu moins crédules.

Fidèles au plan qu'ils avoient formé, de nous terrasser sans exposer leurs troupes à aucun danger, ils crurent devoir temporiser pour gagner, par l'intrigue, ce qu'une fausse politique les empêchoit de hasarder par l'événement d'un combat.

D'après ces combinaisons, ils décidèrent qu'afin de ne pas aguerrir les nouvelles levées que la France leur opposoit, il falloit éviter d'en venir aux mains avec elles; n'entreprendre aucuns sièges qui pussent présenter quelque importance; ne s'exposer à aucun échec considérable, pour ne pas procurer d'encouragemens; attaquer de plusieurs côtés à-la-fois, et sur-tout avec des forces supérieures.

C 3

On les avoit assurés que plus de deux cents chefs, répartis dans les différens cantons de la France, avoient des points de réunion et tenoient des signatures nombreuses de mécontens, qui devoient se joindre aux armées des princes à fur et mesure qu'elles avançeroient.

L'exécution de tous les plans présentés aux puissances coalisées, avoit été calculée sur ces données. La première action des contre-révolutionnaires de l'intérieur et de l'extérieur, devoit être d'arrêter tous ceux qui avoient pris quelque part à la révolution. Les armées combinées devoient marcher sur les places, en manifestant l'intention d'en faire le siège, et ne s'emparer néanmoins que de celles qui ouvriroient leurs portes; en prenant la précaution de laisser des détachemens devant celles qui voudroient résister, afin d'en contenir la garnison. Il étoit convenu qu'en arrivant sur les armées patriotes on se contenteroit de camper en leur présence, et que l'on jetteroit, en attendant, de gros détachemens sur la droite et sur la gauche pour s'emparer du pays et favoriser, dans chaque endroit, le mouvement des contre-révolutionnaires; qu'alors, et tandis que *Brunswick* contiendroit les forces patriotes, le roi de Prusse s'avanceroit avec une armée, en plus grande partie composée de Prussiens, en se concertant

néanmoins avec l'armée autrichienne. Les
choses ainsi préparées et parvenues à ce dé-
gré d'exécution, on devoit pousser en avant
l'armée des princes, grossie des contre-révolutionnaires de l'intérieur, qui avoient depuis
long-temps l'ordre ou la permission de rester
en France, selon les emplois divers qui leurs
avoient été confiés. Cependant, comme parmi
ces derniers il y en avoit que l'on accusoit
d'avoir poussé la prudence un peu trop loin,
il avoit été décidé que ceux qui n'auroient
rejoint l'armée des princes que par peur, ou
qui ne se seroient pas fait connoître pour
affidés, seroient mis sous les ordres des chefs
des détachemens établis sur les derrières.

Le roi de Prusse s'étoit chargé de marcher
sur Paris, que l'on se proposoit de réduire par
la famine. Alors aucune espèce de considération ne pouvoit apporter ni changement
ni exceptions aux dispositions qui avoient
été convenues. Dès l'instant où l'on se seroit
rendu maître de Paris, les habitans devoient
être rassemblés en pleine campagne, pour en
faire le triage; et, de suite, les partisans
de la révolution devoient être suppliciés. On
jettoit un voile sur le sort des autres villes. Les
circonstances auroient décidé si l'on suivroit
le système de l'empereur, qui avoit mis à
l'ordre que tous les commandans qui seroient

établis dans les places, n'épargneroient, au premier signal de révolte, que les femmes et les enfans, et, en cas d'inégalité de forces, feroient sauter les poudres et brûler les magasins et les villes, parce que l'on préferoit des déserts à des pays peuplés de révoltés. Dans tout les cas, les maisons des révolutionnaires devoient être, à l'instant même, livrées au pillage, et les biens que l'ordre portoit d'épargner, confisqués au profit du roi. Il existoit un accord entre toutes les cours coalisées; c'étoit de ne donner asyle à aucun partisan de la révolution. La liste de proscription devoit s'étendre jusques sur ceux qui se seroient déjà rendus en pays étrangers. On devoit en outre déclarer la guerre à toutes les puissances qui n'accéderoient pas à cet accord, ou qui en éluderoient l'exécution.

Le projet dont je viens de tracer les détails, avoit le défaut d'être trop soigneusement combiné sur les principes de la politique, et pas assez calculé sur ceux de l'art de la guerre. C'étoit plutôt un système d'oppression, qu'un plan d'opérations militaires. Cependant, abstraction faite de tout esprit de parti, son exécution devoit opérer la ruine et la subversion totale de la France ; elle entraînoit après elle le démembrement d'une partie du territoire français ; la dévastation du surplus et l'asservissement de la nation entière à la tyrannie d'une domination étrangère, qui, sous le prétexte de protéger l'autorité regnicole, acquéroit le droit de cantonner ses troupes sur tous les points de la France, et de nous comprimer jusqu'à l'instant où elle nous auroit crus suffisamment asservis. Les hommes de toutes les opinions étoient destinés à servir de jouet et de victimes aux caprices d'une soldatesque effrénée, que la trahison auroit rendue victorieuse, et dont on avoit provoqué l'acharnement par l'espérance du pillage.

Ces détails ne sont point exagérés. J'en ai vérifié la justesse sur le champ de bataille, et j'ai pour base la barbare insolence de l'ennemi lorsqu'il avoit le dessus, et sa bassesse lorsqu'il fuyoit devant nous. Je l'ai vu, plus d'une fois, baiser la main d'un *carmagnole*, et je ne suis pas le seul témoin de la conduite qui étoit tenue de part et d'autre dans les différentes occasions, et d'après la variété des chances.

Cependant l'ensemble de ce projet auroit été rigoureusement exécuté, s'il n'avoit pas été combattu par les efforts et le dévouement de la troupe, qui s'élança sur la frontière au premier cri de guerre qui retentit par toute la France à l'approche des armées coalisées pour nous subjuguer. Malgré ses défauts, il ne manquoit pas de justesse; il avoit été conçu par

des généraux jouissant d'une brillante réputa-
tion, et mûri en conseil de guerre tenu sous
les yeux des premiers potentats de l'Europe.
C'étoit pour en assurer le succès, que l'Autriche et la Prusse avoient réuni l'élite de leurs
troupes et la grande majorité de leurs forces
respectives, en attendant que toutes les autres
puissances eussent envoyé leurs contingens,
pour remplir les engagemens que chacune d'elles
avoit pris en se coalisant.

Avec un peu moins de circonspection, et
en suivant tout naturellement la marche ordinaire, il étoit possible de le faire réussir. Il n'y
avoit effectivement aucune nécessité d'entreprendre des sièges; on pouvoit se contenter
de faire des tentatives sur les places dans
lesquelles on avoit des intelligences, et couvrir le surplus par des corps d'observation
pour contenir les garnisons. Mais il ne falloit
pas, en renonçant aux avantages de l'attaque sur la défense, enfourner une grande
armée dans des gorges et la concentrer dans
des défilés. Il étoit bien plus pressant de gagner
les plaines afin de pouvoir se servir de la cavalerie, dont l'armée de la coalition étoit abondamment pourvue, et de faciliter les déploiemens dont, avec la plus légère prévoyance,
il étoit aisé de calculer tout l'effet sur des
troupes qui étoient pour la plupart de nouvel-

les levées, et qui n'avoient pas encore été exercées à la manœuvre.

Le genre d'attaque adopté par les puissances coalisées étoit précisément celui qui convenoit le mieux pour nous faciliter les moyens de les repousser, pour aguerrir nos troupes par des affaires de postes, et pour les habituer insensiblement à se battre en ligne. Nous ne l'aurions pas choisi plus heureusement si nous avions présidé à sa direction. En s'opiniâtrant à le suivre, l'ennemi réduisoit ses troupes à l'impossibilité de rien entreprendre, et les exposoit évidemment à se consumer par le poids de leur propre existence; il s'enferroit de lui-même et nous fournissoit les moyens de le battre en détail, ou de le contraindre au moins à une retraite honteuse. Pour le réduire à cette extrémité, nous n'avions d'autre marche à suivre que celle de nous emparer de toutes les issues qui pouvoient faciliter le débouché des gorges dans lesquelles il s'étoit renfermé, et de nous ménager les moyens de le harceler par des partis envoyés continuellement sur ses flancs. Cette marche étoit tellement infaillible, que tous les militaires instruits, sur le simple apperçu de la position des armées de la coalition et de leur séjour prolongé dans l'Argonne, prévoyoient les événemens avant qu'ils fussent arrivés, et que dans l'intérieur de la France et dès le 5 de septembre, le général *Rochedra-gon*, qui venoit de passer en revue le bataillon dont je prenois le commandement, m'assura que, d'après ses plans d'attaque, l'ennemi seroit forcé de rétrograder. Les détails dans lesquels il entra dès-lors étoient exactement les mêmes que ceux qui furent exécutés par le général *Dumouriez*. La coïncidence qui se trouve entre les calculs spéculatifs de l'un et l'exécution de l'autre, prouvent la justesse de l'opération. Comment put-elle donc échapper à la prévoyance de tous ces héros, qui, *vendant la peau de l'ours avant de l'avoir couché par terre*, étoient déjà d'accord entre eux sur le partage des dépouilles de la France!

Ce que je viens de dire, et le récit que je vais faire des opérations militaires, démontre-ront que l'évacuation de la Champagne n'a pas été, comme on le prétendit dans le temps, et comme certaines gens s'opiniâtrent à le répéter encore aujourd'hui, le fruit de l'intrigue et le résultat d'une négociation avec le roi de Prusse. Je ne démentirai pas avec autant d'assurance les ménagemens que l'on eut pour lui dans sa retraite, qui ne fut effectivement pas suivie avec la même vigueur sur tous les points. Il seroit en effet difficile de disconvenir que l'on ne tira pas des circonstances tout le parti qu'on avoit droit d'en attendre. Il étoit possible, en serrant de plus près l'armée de la coalition, de la forcer à mettre bas les armes ; de faire prisonnier tout ce qui étoit échappé à la mort et à la maladie ; de procurer au roi de Prusse l'agrément de voir Paris, de lui donner, à quelques restrictions près, tout le plaisir qu'il avoit si fortement désiré, et, ce qui étoit bien plus intéressant, de mettre tout-d'un-coup fin à cette guerre en s'assurant de ceux qui l'avoient provoquée : mais les circonstances du moment auroient-elles concouru au succès de cette brillante spéculation ? Je n'entreprendrai pas de résoudre ce problême, et je reprends mon récit.

31. Avant de détailler les moyens qui furent employés par *Dumouriez*, pour s'opposer aux progrès que l'ennemi faisoit déjà du côté de la Champagne, je dois donner une idée de la position des différens corps de troupes qui composoient notre armée. La droite de la ligne, commandée par le général *Biron*, étoit appuyée sur le Rhin. Le cours de ce fleuve, qui se prolonge sur notre territoire, à-peu-près dans la direction du midi au nord, jusqu'à la hauteur de Landau, formoit une barrière trop puissante pour que l'ennemi, qui n'avoit pas pu porter de grandes forces de ce côté, essayât de la franchir. Il étoit cependant parvenu, par l'entremise de quelques princes

de l'Empire, qui feignoient de garder la neutralité, à se saisir du fort de Kell, dont la situation sur la rive droite du Rhin et dans
le voisinage de Strasbourg, lui servoit très-
utilement pour inquiéter cette place. *Biron* se
trouvoit en outre couvert dans le surplus de
son commandement, d'abord par les gorges de
Porentruy, dont *Custines* s'étoit emparé dès le
commencement de la campagne. (Cette expédition nous avoit mis à l'abri de toute surprise
du côté de la Suisse et sur les différens points
où le Rhin, s'écartant de notre frontière, cesse
de la protéger); ensuite par un corps de troupes
qu'il fit passer sous les ordres du même général,
du côté de Weissembourg. A l'aide de ces mesures on se tint de part et d'autre sur la défensive, pendant tout le cours de la campagne,
sur les différens points du commandement
confié au général *Biron*; et le petit nombre
d'attaques qui furent faites respectivement, se
réduisit à des affaires de poste trop peu marquantes pour que leur récit puisse intéresser.

L'intervalle qui règne jusqu'à Metz fut successivement défendu par *Luckner*, qui s'y
porta avec une réserve de douze mille hommes;
et par *Kellermann*, qui y fit des marches et
des contre-marches avec une armée dont les
forces ne s'élevèrent jamais à plus de vingt-
deux mille hommes.

Sur la gauche, plusieurs camps retranchés,
notamment ceux de Maulde, Famars et Pont-
sur-Sambre, avoient été établis dans le principe
pour couvrir la frontière du département du
nord, et pour contenir les colonnes autrichiennes qui occupoient Mons et Tournai,
et qui faisoient de fréquentes incursions dans
les environs de Lille, Saint-Amand, Douai,
Orchies, Condé, Bouchain et Valenciennes;
mais la série des événemens força par la
suite de les abandonner. A l'extrémité de
cette partie de la gauche, le général *Carle*
étoit chargé de seconder toutes les opérations
que nous pourrions diriger contre la West-
Flandre, et de surveiller toutes celles que
l'ennemi voudroit entreprendre contre nous
de ce côté.

32. Les deux flancs de notre ligne se trouvant suffisamment établis pour parer à tous
les événemens qui se présenteroient de leur
côté, toute l'attention du général en chef
dut se fixer sur le centre qui étoit le plus
fortement menacé, et qui s'entamoit déjà par
la reddition de plusieurs places destinées à le
couvrir.

Il est vrai que pour suppléer aux ressources
de l'art, qui venoient de nous être ravies, la
nature présentoit une barrière que l'ennemi
ne s'empressoit pas assez de franchir, et dont

il étoit possible de tirer un grand parti pour arrêter sa marche, en faisant de chacun des défilés de l'Argonne autant de Thermopiles dans lesquels le salut de la France devoit se trouver. Mais il falloit arriver à la portée de ces défilés et se saisir de leurs débouchés.

33. L'armée française campoit alors à l'une des extrémités de la forêt d'Argonne, qui est une lisière de bois s'étendant depuis environ une lieue de Sedan et courant ouest et est jusqu'à Passavant, à une forte lieue au-delà de Sainte-Ménehould. D'autres parties de bois entremêlées de plaines, passant dans la direction de Révigné-aux-Vaches, se prolongent vers Bar-le-Duc (aujourd'hui Bar-sur-Ornain); mais l'Argonne proprement dite ne s'étend que jusqu'à Passavant, ce qui lui fait une longueur de treize lieues sur une largeur très-inégale. Dans quelques-unes de ses parties elle a jusqu'à trois et quatre lieues de profondeur; dans d'autres elle n'a qu'une lieue et même une demi-lieue; elle sépare ce qu'on appeloit les Trois-Évêchés, le pays le plus riche et le plus fertile, d'avec la Champagne pouilleuse, le désert le plus affreux qui soit en France, dont le sol est une glaise froide et tenace, et où il n'y a ni eaux, ni arbres, ni pâturages, mais seulement quelques misérables villages épars dans une plaine stérile où l'on ne voit que quelques

ques élévations presque insensibles. Elle est
coupée par des montagnes, des rivières, des
ruisseaux, des étangs, des marais qui la ren-
dent impénétrable pour une marche d'armée,
excepté dans cinq clairières par lequelles l'ennemi pouvoit pénétrer dans la Champagne, à
la faveur des routes qui sont ouvertes dans ces
clairières.

Le premier débouché est le Chêne-populeux;
il est tout ouvert, et il y passe un chemin qui
va de Sedan à Rethel. Le second, est la Croix-
aux-Bois ; il est situé à deux lieues en tirant
un peu plus à l'ouest, et forme un chemin de
charrettes dans la forêt, allant de Briquenai à
Vouziers. Le troisième est Grand-pré, dont la
position est excellente pour établir un camp
entre les rivières de l'Aisne et de l'Aire; la
gauche, appuyée sur le village de Grand-pré,
et la droite sur celui de Marque. A une lieue
et demie de la Croix-aux-Bois, par Grand-pré,
passe le grand chemin de Stenay à Rheims.
Un quatrième chemin, à deux lieues et demie
de Grand-Pré, conduit de Varennes à Sainte-
Ménehould, et se nomme la Challade. Finalement, à un peu plus d'une lieue de là se trouve
le grand chemin de Verdun à Paris, par Sainte-
Ménehould, et il s'appelle les Islettes.

Telle étoit la forêt qu'il falloit occuper,
et les cinq passages que l'on ne pouvoit se

Année 1792.   D

dispenser de garder pour les disputer à l'ennemi ; mais pour s'y rendre, il falloit partir de Sedan et passer devant Stenay, et par conséquent devant l'armée du général *Clairfait*, qui y étoit avantageusement posté avec vingt mille hommes.

D'un autre côté, les Prussiens, au nombre de quarante à cinquante mille, assiégeoient Verdun, dont la défense ne les occupoit pas assez sérieusement pour qu'ils ne pussent détacher un corps d'observation en forces suffisantes pour contrarier l'exécution de nos mesures.

Il y avoit deux routes à suivre pour gagner les défilés que l'on se proposoit d'occuper ; l'une plus longue, mais plus sûre en apparence, étoit le grand chemin de Rethel par le Chêne-populeux, en s'étendant par la gauche sur Vouziers et Sainte-Ménehould. L'autre, plus courte, étoit de longer la plaine entre la forêt et la Meuse. Le choix de la première auroit indiqué le projet, et sa connoissance auroit décidé *Clairfait* à marcher sur Grand-pré et à faire porter des detachemens prussiens sur les Islettes. Par cette marche l'ennemi nous auroit prévenus dans les défilés. Celui de la seconde présentoit aussi des difficultés, car en partant de Sedan et Mouzon pour se diriger par Tannai, les Armoises et Stone, et en longeant la forêt, le projet étoit également découvert ;

et dès-lors *Clairfait* pouvoit nous attendre à Grand-pré et nous prévenir à Vouziers, ou nous attaquer dans la marche et tomber au moins sur l'artillerie et sur les équipages.

Il y avoit un troisième parti à prendre, et son audace le rendant moins présumable, il étoit moins à craindre d'être contrarié dans son exécution. *Dumouriez* calcula que puisque le général *Clairfait* ne s'étoit pas avancé sur lui et restoit sur le bord de la Meuse, avec une médiocre avant-garde sur la rive gauche de cette rivière, en avant de Stenay, il n'étoit là que comme corps d'observation pour couvrir les sièges, qu'ainsi il ne chercheroit point à donner bataille sur la rive gauche de la Meuse, qu'il la mettroit au contraire entre son corps et l'armée française, si l'on faisoit mine de marcher contre lui; et comme il existe au-delà de la Meuse et derrière Stenay, une position excellente appelée le camp de Brouennes, il ne douta pas que *Clairfait* ne prît ce camp dès qu'il le verroit venir à lui.

34. D'après ce calcul, *Dumouriez* partagea son armée en trois corps. L'avant-garde, commandée par *Dillon*, eut ordre de marcher sur Stenay et de faire attaquer cette place par un corps de quinze cents hommes aux ordres de *Miaczinsky*, qu'elle étoit chargée de soutenir en prenant poste sur la rive gauche et dans le bois

de la Neuville. Il conduisit lui-même le corps
de bataille composé de douze mille hommes,
sans équipages, soutenant son avant-garde ; et
le général *Chazot*, avec cinq mille hommes,
escorta les équipages par Tanai et les Armoises.

L'exécution de ce mouvement commença le
31 d'août. *Dumouriez*, après avoir laissé quatre bataillons à Sedan pour en former la garnison, disposa l'armée et l'artillerie à se mettre
en marche le lendemain. Dès la veille, le
général *Galbaud* l'avoit prévenu que n'ayant
pu entrer dans Verdun, ayant même couru
risque d'être pris à Dun, il avoit fait sa retraite sur Sainte-Ménehould où se trouvoient
deux bataillons de la garnison de Longwi,
qui étoient désarmés. Sur-le-champ il lui fit
passer l'ordre de se porter aux Islettes avec
ses quatre bataillons et ses quatre pièces de
campagne, de réunir la gendarmerie des environs et tous les volontaires du pays, d'y faire
des abattis, d'y élever des retranchemens et
des batteries, et de ne pas abandonner ce poste
quelque chose qui pût lui arriver, lui promet-
tant de le soutenir sous peu. *Galbaud* se mit
en mesure pour exécuter cet ordre. Il s'établit
aux Islettes ; mais un détachement d'émigrés et
de Prussiens étant entré dans Varennes, la
terreur s'empara tellement des troupes qui
gardoient les Islettes, qu'elles entraînèrent leur

commandant jusqu'à Sainte-Ménehould. Le détachement ennemi s'étant retiré de Varennes, *Galbaud* reprit sa position.

Cependant *Miaczinsky* exécuta avec la plus grande vigueur l'ordre qui lui avoit été donné d'attaquer Stenay ; il y eut un grand feu et un combat très-vif de cavalerie. Les Impériaux plièrent ; *Clairfait* retira ses postes et occupa le camp de Brouennes, comme *Dumouriez* l'avoit prévu.

Dillon ne soutint pas *Miaczinsky* ; il le fit même replier sur Mouzon. *Dumouriez* y arriva le 1.er septembre ; il se proposoit d'y camper, mais trouvant le camp de *Dillon* tout tendu, il continua sa route, vint camper sur le bord du grand chemin de Stenay et fut loger avec son quartier-général à Yon, après avoir pris la précaution de jetter de l'infanterie dans les bois de la Neuville et sur le bord de la Meuse. Personne n'occupoit Stenay. Le 2, il campa à la Berlière, et *Dillon* à Saint-Pierremont. Le 3, *Dillon* arriva à Varennes, passa par le défilé de la Challade, et se plaça aux Islettes. L'armée séjourna à la Berlière pour laisser passer la colonne de *Chazot*, et le 4 on occupa le camp de Grand-pré.

35. Cette position redonna de la vigueur à notre centre, qui se trouva dès-lors en état de contenir l'ennemi.

Dillon, avec une très-forte avant-garde postée en avant de Sainte-Ménehould, fermoit, par un camp placé aux Islettes avec une position à la Challade, les deux chemins de Clermont et de Varennes; il étoit en outre chargé de poster à Passavant un corps d'infanterie légère, et plusieurs escadrons de chasseurs et de hussards pour consommer les fourrages des bords de l'Aire, couvrir ceux du Barrois et empêcher l'ennemi d'y faire des incursions, en inquiétant son flanc gauche.

Le corps d'armée campé à Grand-pré, interceptoit les chemins de Rheims et de la Croix-aux-Bois. Pour rendre plus complette la surveillance sur ce dernier, *Dumouriez* y plaça un colonel de dragons avec deux bataillons et deux escadrons, et lui donna une instruction très-précise sur la manière de fortifier son poste, en formant des abattis et des retranchemens, sa droite appuyée au ruisseau de Longouvre, et sa gauche à celui de Noirval. Il lui recommanda sur-tout de rompre le chemin depuis Briquenai et Bout-aux-Bois jusqu'à la tête de ses retranchemens; mais ces dispositions furent si mal suivies qu'elles produisirent, quelque temps après, de très-funestes effets par la confiance trop aveugle que le général avoit mis dans leur exécution.

Miaczinsky fut envoyé à Sedan, avec ordre

de prendre dans la garnison de cette place, qui venoit d'être renforcée par deux mille hommes, dont deux cents de cavalerie tirés de Givet, Philippeville, Marienbourg et Rocroi, de forts détachemens pour faire de fréquentes excursions, afin de conserver la communication de Montmédi, et d'aider le général *Ligneville*, qui y commandoit, à intercepter les convois de Longwi et de Luxembourg.

La manœuvre que *Dumouriez* venoit d'exécuter pour se rendre à Grand-pré, avoit en outre l'avantage de rétablir la continuité de la ligne, en le rapprochant de *Luckner* et de *Kellermann;* elle facilitoit d'ailleurs, entre lui et le général *Biron*, une communication à l'aide de laquelle ils pouvoient au besoin couper de concert la marche de l'ennemi.

Il étoit temps qu'il arrivât sur ce point, car déjà Longwi étoit au pouvoir de l'ennemi; et Verdun, Clermont et Varennes ne tardèrent pas à y tomber. Sainte-Ménehould avoit été si dangereusement menacée, que les troupes qui s'étoient avancées pour lui donner du secours, avoient pris le parti de se replier sur Châlons à la vue du nombre d'Impériaux qui s'avançoient. On avoit également eu des inquiétudes sur Metz; quoique cette place fût en état de défense, l'ennemi s'étoit présenté au nombre de dix à douze mille hommes sur les hauteurs.

D 4

qui sont dans le voisinage. Il étoit même parvenu à occuper, avec deux pièces de canon, un
poste qu'un de nos régimens avoit eu la lâcheté
d'abandonner, à l'instigation de son colonel ;
mais le général *Valence*, à la tête des carabiniers, l'en chassa et le mit en fuite avec perte.

36. Quoique *Dumouriez* eût déjà tiré quelques renforts de sa gauche, la totalité de ses
troupes et de celles de *Kellermann* s'élevoit
à peine à quarante mille hommes, encore
n'étoit-ce que sur le pied de l'effectif, dont le
calcul n'étoit pas alors très-exact. L'ennemi
en avoit cent trente-cinq mille. Une disproportion aussi marquée le détermina à retirer encore
quelques divisions qui occupoient les camps
retranchés établis dans le département du
Nord. Il découvroit à la vérité ce département ;
mais outre qu'il est défendu par plusieurs
lignes de places fortes que l'on ne pouvoit
entamer sans faire des sièges, il falloit céder
à la nécessité et laisser quelques postes militaires à la merci de l'ennemi, pour repousser
la principale attaque dont les circonstances
rendoient nécessairement l'issue décisive.

Cette mesure occasionna néanmoins beaucoup
de raisonnemens à perte de vue, qui se ter-
minèrent à l'ordinaire par des interprétations
très-malignes, et d'autant plus déplacées, que
l'ennemi, qui jugeoit très-sainement les inten-

tions du général, faisoit des mouvemens très-ostensibles pour profiter de chacune de ses dispositions à fur et mesure qu'elles s'exécutoient.

L'intention de *Dumouriez* n'avoit cependant pas été d'abandonner entièrement ces camps ; mais le peu de troupes qu'il laissoit pour les garder, rendoit leur conservation si difficile, que le général *Moreton*, qui commandoit provisoirement la frontière du Nord, assembla un conseil de guerre dans lequel, après avoir balan le pour et le contre, il fut décidé que les ordres du général en chef seroient exécutés ; que le camp de Maulde seroit levé ; que l'on tiendroit la campagne le plus long-temps qu'il seroit possible, et que l'on prendroit, dans la soirée du même jour, la position de Bruille.

Deux jours après, le camp de Famars suivit cet exemple, et le nouveau renfort demandé par *Dumouriez*, qui consistoit en douze bataillons et trois escadrons, avec l'infanterie legère, Française, Belge et Liégeoise, ce qui formoit un corps de huit à neuf mille hommes, se mit en route sous les ordres du général *Beurnonville*, et marcha sur Rethel, où il arriva le 14 de septembre.

Le départ de la troupe campée à Maulde fut immédiatement suivi d'une affaire assez-malheureuse au Château-l'Abbaye, et de l'évacuation d'Orchies et de Saint-Amand, postes

qui couvrent Douai et qui remplissent l'intervalle entre Lille et Valenciennes.

Les environs des places que ces divers camps
protégeoient, ne tarderent pas à s'appercevoir
qu'ils étoient levés, et les Autrichiens se mirent
dès-lors en mesure pour exécuter sur Lille le
projet dont je détaillerai plus bas l'exécution.

Le roi de Prusse, en commençant la campagne, s'étoit proposé de marcher, dès qu'il
auroit pris Verdun, sur l'espèce de camp qui
étoit établi à Châlons, de le forcer, ce qui ne
présentoit pas de très-grandes difficultés, et
de s'ouvrir par ce moyen le passage pour aller
à Paris. Il auroit laissé le général *Clairfait* observer le camp de Sedan, et le prince *Hohenloë-*
Kirckberg celui de *Luckner*, sous Metz. La
partie de ce plan relative à Sedan, avoit
échoué par le succès de la manœuvre que
Dumouriez exécuta près de Stenay, lorsque
Clairfait se présenta pour l'empêcher de pénétrer dans l'Argonne.

37. Quant à Metz, *Kellermann*, qui venoit de
remplacer *Luckner*, après avoir mis cette ville
sur un pied respectable de défense, et l'avoir
proclamée en état de siège, s'étoit mis en
marche pour Pont-à-Mousson, où il reçut un
renfort qui arrivoit de l'armée du Rhin ; et sans
approuver formellement les plans de campagne
de *Dumouriez*, il s'étoit arrangé de manière

à régler tous ses mouvemens sur ceux de l'ennemi. Plusieurs marches et contre-marches le
portèrent successivement du côté de Bar,
Void près Troussei, Ligny et Saint-Dizier; il
s'avança même jusqu'à Saint - Avold pour se
trouver plus à portée de Metz et de Thionville;
mais il dirigea de nouveau sa marche sur Bar,
afin de se tenir plus à portée de Révigné-aux-
Vaches, qui étoit le point de jonction où les
deux armées devoient suivre de concert le plan
général, et réunir leurs forces pour faire avancer de fortes colonnes sur Verdun, où le roi
de Prusse s'étoit renfermé, et pour en former
le blocus.

D'ailleurs *Kellermann* pouvoit toujours, des
environs de Bar, surveiller tous les mouvemens
que l'ennemi tenteroit sur sa gauche.

38. L'ensemble de ces dispositions et le concert qui régnoit entre les deux généraux, dé-
truisant toutes les espérances que le roi de
Prusse auroit pu concevoir de percer par sa
gauche et de s'ouvrir un passage entre Verdun,
Metz, Nancy et Toul, il en revint à son premier projet sur Châlons; mais il se trouvoit
encore barré de ce côté par le camp de Grand-
pré et par la position que *Dillon* occupoit aux
Islettes et à la Challade. Il étoit d'autant plus
difficile de nous entamer dans toute cette partie, que *Dumouriez* avoit eu soin d'établir

une chaîne de postes pour communiquer avec
Dillon, par Marque, Châtel et Apremont, et
que cette communication s'étendoit jusqu'à
Passavant, où *Dillon* avoit posté de très-forts
détachemens.

Mais il s'en falloit de beaucoup que nous
fussions aussi bien gardés par notre gauche.
Le colonel de dragons que *Dumouriez* avoit
posté à la Croix-aux-Bois l'avoit entretenu
dans une fausse sécurité, en lui persuadant
que ses ordres étoient ponctuellement exécutés ; que les retranchemens et abattis qu'il lui
avoit ordonné de faire étoient inattaquables ;
qu'il les avoit prolongés jusqu'à la tête du bois,
et qu'il avoit rendu la route impraticable, par
des tranchées et par des puits. Tous ces rapports, que le général avoit eu l'imprudence de
ne pas vérifier, étoient faux et n'étoient moti-
vés que sur le désir que le colonel, qui s'en-
nuyoit vraisemblablement dans sa position,
avoit de rentrer au camp. *Dumouriez* eut la
foiblesse d'y consentir ; et par un enchaîne-
ment de bévues, ce poste qui étoit de la plus
haute importance, fut abandonné et resta sous
la garde de cent hommes commandés par un
capitaine. A cette époque, le roi de Prusse
fatigué de sa position, et pressé du besoin de la
quitter, fit réunir toutes les divisions de l'armée
coalisée. Le général *Clairfait* vint se montrer

devant la trouée de la Croix-aux-Bois ; les Prussiens menacèrent Grand-pré, et le prince de *Hohenloë* qui occupoit Varennes et Clermont, se trouva, par l'effet de ce mouvement, en face des Islettes. Ainsi l'attaque projettée par l'ennemi sembloit ne plus regarder que cette partie du front de la ligne, et ne pas devoir s'étendre jusqu'au Chêne-populeux.

Dumouriez régla ses dispositions sur celles de l'ennemi. Il ne crut pas devoir dégarnir entièrement le poste du Chêne - populeux ; mais il pensa qu'en rapprochant de lui les troupes aguerries du camp de Pont-sur-Sambre qu'il avoit établies dans ce poste, et sur-tout le général *Duval* en qui il avoit une très-grande confiance, il en tireroit un parti plus utile. Ce motif le détermina à faire venir cette division et son général, à la faire camper sur les hauteurs de Marque, qu'il n'avoit pu occuper jusqu'alors que par des détachemens, n'ayant pas assez de troupes pour se prolonger jusques-là, et à les remplacer par quatre bataillons et deux escadrons, dont il donna le commandement au général *Dubouquet.*

Ce mouvement se fit le 10 septembre ; le poste de la Croix - aux - Bois fut abandonné le 12 au matin ; *Clairfait* en fut averti sur-le-champ par des espions du pays, et le lendemain 13, à la pointe du jour, il envoya le prince de *Ligne* attaquer les abattis ; ils étoient si mal faits et si peu solides, que les Impériaux les dérangèrent facilement et se firent un passage. Quant aux chemins ; ils étoient si peu endommagés, qu'ils y passèrent sans obstacle avec leur cavalerie et même avec l'artillerie. Les cent hommes du détachement, après une légère résistance s'enfuirent au travers des bois et arrivèrent au camp, où le général se trouvoit alors. Il étoit environ midi, il n'y avoit pas un instant à perdre. *Dumouriez* donna sur-le-champ deux brigades et six escadrons au général *Chazot*, avec quatre pièces de huit outre les canons de bataillon, et lui ordonna de marcher avec la plus grande célérité, et d'attaquer sur-le-champ à la bayonnette, pour ne pas donner à l'ennemi le temps de se retrancher. Il lui donna en outre un chariot de fusils pour armer un bataillon des Ardennes sur lequel on avoit compté pour la défense du poste de la Croix-aux-Bois, et qui ayant été désarmé lors de la reddition de Longwi, n'avoit pas pu recevoir les nouvelles armes qui lui étoient destinées, par suite des bévues qui avoient occasionné l'échauffourée à laquelle il falloit remédier. Il joignit à cet approvisionnement deux chariots d'outils pour perfectionner les retranchemens et y établir des batteries régulières.

Chazot attaqua l'ennemi, le repoussa et reprit les retranchemens après un combat très-meurtrier dans lequel le prince de *Ligne* fut tué ; mais deux heures après une colonne beaucoup plus forte revint à la charge, attaqua nos troupes avec fureur, gagna sur elles les hauteurs et les força de se retirer sur Vouziers.

Cette nouvelle fut apportée au camp de Grand-pré par quelques fuyards.

Pendant le combat de la Croix-aux-Bois, le corps des émigrés, que le mouvement de l'armée ennemie avoit rapproché, s'étoit présenté devant la trouée du Chêne-populeux.

Le général *Dubouquet* repoussa vigoureusement son attaque ; mais apprenant que la trouée de la Croix-aux-Bois étoit forcée, il profita de la nuit pour se retirer par Attigni, et par Sommepy, sur Châlons.

L'évacuation de la Croix-aux-Bois et du Chêne-populeux étoit d'autant plus funeste, qu'indépendamment de la perte de deux postes très-importans et des facilités qu'elle donnoit à l'ennemi pour l'exécution de son plan de passage, elle coupoit l'armée d'avec *Beurnonville*, qui étoit à Rethel avec neuf mille hommes d'excellentes troupes, mais sans souliers, sans munitions, harassés, et ayant fait inutilement des marches forcées pour la rejoindre.

39. D'un autre côté, cette armée se trouvoit

dans une position très-désespérée; elle étoit
réduite à quinze mille hommes par la sépara-
tion du corps de *Chazot* et de celui de *Dubou-*
quet. On ignoroit la direction que ces deux
généraux avoient prise pour faire leur retraite;
mais il y avoit tout lieu de présumer que se
trouvant coupés , ils avoient marché sur Rethel.
Pour surcroît d'embarras , le camp avoit sur
le devant de son front quarante mille Prussiens , et sur le derrière , le général *Clairfait*
avec vingt-mille Autrichiens dont la position
dominoit la nôtre, et qui pouvoient, en se
rabattant par leur gauche , descendre sur Olizi ,
Thermes et Beauregard , et couper le passage
de l'Aire et de l'Aisne à Senucques. Ils-nous
auroient alors enfermés entre les rivières et la
forêt, sans vivres et avec très-peu de munitions; dominés par notre gauche , investis par
l'ennemi, il auroit fallu mettre bas les armes
ou se faire tuer jusqu'au dernier homme, sans
ressource et sans utilité. Il étoit en outre possible que *Kellermann* , qui n'avoit jamais eu
de confiance dans les opérations de cette campagne , apprenant que les défilés étoient forcés , retrogradât sur Metz ou passât la Marne.
Heureusement aucune de ces craintes , qui sup-
posoient tout au pire , ne se trouva réalisée
par la suite. Il étoit encore possible de sauver
tout par une retraite bien ménagée , de rétablir

par

par une position en-deçà de l'Aisne, la communication avec *Chazot*, qui étoit à Vouziers;
avec *Beurnonville*, qui n'avoit pas encore quitté
Rethel; avec *Dubouquet*, qui s'étoit retiré sur
Châlons; et finalement avec *Kellermann*, qui
s'étoit reporté sur Saint - Dizier et sur Vitri
pour couvrir Châlons et Paris, et pour empêcher que l'ennemi ne profitât des circonstances,
en pénétrant dans le Perthois pour s'y cantonner, afin de passer l'hiver dans un pays abon-
dant.

Dès-lors il devenoit très - facile d'opérer la
jonction avec tous les corps de l'armée, et d'é-
tablir, par un changement de direction, une
ligne qui, s'étendant depuis la droite de *Dillon*
jusqu'à Châlons, se trouveroit en forces suffisantes pour faire face à l'ennemi.

Cette manœuvre étoit d'autant plus pratica-
ble, que *Clairfait*, qui s'étoit contenté de
s'emparer du passage de la Croix-aux-Bois et
qui s'attendoit peut-être à une seconde attaque
pour le lendemain, n'avoit poussé son avantage
ni sur sa gauche ni devant lui. Par ce retard,
nous étions encore maîtres de tout le cours de
l'Aisne; et pour peu que *Dumouriez* pût réussir à tirer l'armée du camp, il ne couroit plus
d'autre risque que celui d'être entamé dans
son arrière-garde, et il lui restoit la facilité
d'arrêter assez long - temps l'ennemi sur les

Année 1792. E

bords de l'Aisne, pour lui en disputer le passage et pour prendre une position qui pût faciliter les jonctions qu'il projettoit.

40. Après avoir calculé toutes les chances,
Dumouriez se disposa à la retraite. Le temps,
qui étoit détestable, contribua à le sauver en
ralentissant l'ardeur de l'ennemi, et lui donna
la facilité de faire ses préparatifs dans le secret.
A l'entrée de la nuit il fit replier l'avant-garde
sur trois colonnes, sans bruit et sans augmenter ni diminuer les feux, la droite par
Marque, le centre par Chevières, et la gauche
par Grand-pré ; elle rompit les ponts après elle.
Duval et *Stengel* la commandoient ; ils firent
halte pour donner à l'armée le temps de se
mettre en marche, étant chargés de faire son
arrière-garde.

A minuit *Dumouriez* se rendit au camp ; il fit
passer de bouche en bouche l'ordre de déten-
dre : mais l'armée ne se mit en marche que
trois heures après , et gagna les hauteurs
d'Autry où elle se mit en bataille. Les dernières troupes passèrent les ponts de Senucques et de Grand - Camp à huit heures du
matin, et se postèrent sur la hauteur ; elles
avoient été harcelées par environ quinze-cents
hussards prussiens, qui avoient avec eux trois
ou quatre pièces d'artillerie volante. Lorsquelles
eurent passé les défilés et dans le temps où elles

prenoient leur ordre de bataille , l'armée se
prolongea en colonne de marche pour gagner
Cernei. La colonne de *Chazot*, qui venoit de
Vouziers , déboucha dans ce moment par
Vaux ; elle apperçut les hussards prussiens et
se précipita au travers de la colonne de l'armée. Les Prussiens voyant le désordre qu'elle
occasionnoit, firent une charge vigoureuse ;
alors tout se débanda , tout prit la fuite , et dix
mille hommes furent poursuivis par quinze cents
hussards. Cependant *Duval* , qui avoit conservé l'arrière-garde en bon ordre , fit reculer
les Prussiens, qui n'étant pas soutenus, se retirèrent emmenant avec eux deux pièces d'artillerie et quelques bagages. Le général *Miranda* rallia l'armée ; mais des fuyards , qui
avoient pris les devants , arrivèrent à Dammar-
tin-sur-Ham à l'instant où *Dumouriez* établissoit le camp de sa première marche ; ils crioient
que tout étoit perdu , que l'armée étoit en
déroute , et que l'ennemi étoit à sa poursuite.
Dumouriez et *Thouvenot* coururent à toute
bride prendre connoissance par eux-mêmes de
l'état des choses. Ils ne tardèrent pas à s'appercevoir que tous les fuyards étoient du corps
de bataille , que l'on n'en reconnoissoit aucun
ni du corps de *Duval* ni de celui de *Stengel*, et
ils furent bientôt tranquillisés par le sang-froid
de *Miranda*. Il avoit arrêté l'infanterie dans

sa fuite, et sa fermeté avoit contenu l'ennemi
qui venoit de se retirer, parce que l'avant-garde
n'avoit pas partagé la terreur du reste de l'armée
et s'avançoit en bon ordre pour le charger. Des
nouvelles satisfaisantes données par *Duval* et
par *Stengel* achevèrent de les rassurer. *Dumouriez* leur fit passer l'ordre de s'arrêter aux
bords des marais de Cernei jusqu'à ce que toutes
les troupes eussent passé la Tourbe, et de venir
ensuite se porter le long de cette rivière, la
mettant entre elles et l'ennemi, et d'y passer la
nuit. Il retourna ensuite à Dammartin, et y fit
bivouacquer l'armée.

Sur les six heures du soir une nouvelle
alarme recommença dans le camp. Tout le
monde se mit à crier et à fuir. L'artillerie attela
et voulut gagner une hauteur de l'autre côté de
la Bionne, qui étoit derrière le camp. La confusion étoit à son comble. Cette seconde alerte
fut l'ouvrage de la malignité qui s'étoit achar-
née à répandre, dès le premier moment, des
bruits aussi faux que dangereux sur l'exécution de la retraite. On avoit prétendu que les
Prussiens avoient taillé en pièces toute l'arrière-
garde de l'armée et une grande partie du surplus
de la colonne de *Chazot*; que la defaite étoit
complette; que *Dumouriez* lui même avoit
été obligé de chercher son salut dans la fuite.
Ces impostures, débitées par des gens dont

les intentions n'étoient pas très-loyales, et qui formoient la parodie de ce qui s'étoit passé aux affaires de Mons et Tournai, avoient excité de très-grands mouvemens dans le camp et dans les environs, et jetté une terreur panique parmi la troupe. On ajoutoit que l'ennemi s'approchoit à grands pas, et qu'il alloit tomber, avec de très-grandes forces, sur le camp. Le général accourut ; sa présence et quelques coups de plat de sabre distribués à des hommes qui lui soutenoient qu'il étoit en fuite, rétablirent l'ordre ; le mal fut reparé, le camp formé de nouveau, les principaux fuyards et les intrigans arrêtés et punis.

41. Au surplus, cette retraite sauva l'armée, qui s'établit dans le camp qu'elle venoit de prendre entre les rivières de la Tourbe, la Bionne et l'Auve, la droite appuyée sur l'Aisne, et la gauche au grand chemin de Châlons ; mais elle répandit l'alarme jusqu'à Paris. On s'attendoit tous les jours à y voir arriver le roi de Prusse avec son armée. La peur grossissoit les objets ; les défiances sur les plans de *Dumouriez* en reçurent un nouvel aliment. Chaque jour il étoit sollicité de quitter le camp de Sainte-Ménehould ; c'étoit l'avis de plusieurs des généraux de l'armée, et principalement celui de *Kellermann*. Mais à force de raisonnemens, et sur-tout d'après le

E 3

rapport des prisonniers et des déserteurs, qui
tous attestoient la détresse des armées de la
coalition , on consentit à temporiser et à conserver la position que l'on occupoit.

42. La bonté de ce camp et les jonctions
qui le renforcèrent peu de jours après, rani-
mèrent le courage de l'armée et lui donnèrent
la constance dont elle avoit besoin pour résister à l'ennemi , à la faim et aux incom-
modités de la saison. *Beurnonville* , qui avoit
appris à Rethel , par les fuyards , tous les événemens survenus depuis le 13 , se mit en
marche pour venir joindre l'armée. Il s'avança
avec la plus grande circonspection , en dirigeant plutôt sa route sur Auve que sur Sainte-
Ménehould. Il comptoit y trouver les débris
de l'armée , et prendre avec sa troupe le
rang qu'elle devoit occuper dans l'ordre de
bataille. Arrivé près d'Auve , et s'étant porté
sur les hauteurs de Gizancourt pour reconnoître l'état des choses , il vit une armée qui
marchoit en bataille et en bon ordre vers
Sainte-Ménehould. Pénétré de l'idée que *Dumouriez* avoit été défait, n'imaginant pas que
ce pût être son armée , persuadé au contraire
que c'étoit celle du roi de Prusse , il força
sa marche et se retira à Châlons. Nous étions
alors au 17 du même mois de septembre. En
arrivant, il trouva des dépêches qui lui prou-

vèrent qu'il s'étoit trompé ; mais comme sa
division étoit fatiguée et manquoit de chaus-
sures, il la laissa reposer le 18 et lui fit distribuer des souliers. Il repartit dans la nuit du
18 au 19, et il arriva dans la journée du même
jour, au moment où les Prussiens commen-
çoient à se développer sur les hauteurs de
l'autre côté de la Bionne ; de manière qu'un
jour plus tard il se trouvoit encore coupé, ce
qui auroit affoibli l'armée, de dix-mille hommes d'excellentes troupes.

Le général *Dubouquet*, qui étoit également
arrivé à Châlons le 17, reçut ordre de s'établir sous le commandement du général *Sparre*,
au camp de Notre-Dame-de-l'Épine, d'y rassembler de nouveaux bataillons et d'attendre
des ordres ultérieurs.

D'après l'arrivée de *Dubouquet* et de sa
troupe, qui se trouvoit très-à-propos dans le
voisinage de Châlons où elle pouvoit devenir
très-utile, il n'y avoit plus d'incertitude
sur le sort de tous les corps de troupes qui
avoient été dispersés par les événemens que
l'on venoit d'éprouver ; et malgré la difficulté
des circonstances qui nous avoient maîtrisés,
l'armée n'avoit fait que changer de position.

Kellermann, instruit de celle que notre
armée occupoit au camp de Sainte-Ménehould,
se mit en marche pour la joindre, et le 19

il vint occuper le camp de Dampierre, entre
ce village et celui d'Élise, ayant le grand
chemin de Châlons sur sa droite et la rivière
l'Auve devant lui.

D'après la disposition respective des deux
armées, l'ensemble de nos forces formoit une
ligne qui s'étendoit depuis le château de Saint-
Thomas, sur la rive droite de l'Aisne, passant
par Dammartin qui formoit le point central,
jusqu'au grand chemin de Châlons. Sur le
même côté de la rivière, on avoit posté trois
bataillons avec la cavalerie à Vienne - le -
Château, Moremont et la Neuville, pour
entretenir la communication avec le poste de
la Challade, qui avoit été pareillement renforcé. Le quartier-général étoit placé à Sainte-
Ménehould, à une lieue en arrière, sur le
centre de la grande armée qui faisoit face
à la Champagne, et sur celui du corps de
Dillon, qui faisoit face à Verdun. Tout le
front de la ligne étoit garni de batteries croi-
sées, dont le feu enfiloit dans tous les sens le
vallon formé par les trois rivières. Une chaîne
de postes, qui s'étendoit jusqu'à Auve, entre-
tenoit la communication avec Châlons, par
Notre-Dame-de-l'Épine. L'avant-garde avoit
été postée le long de la Tourbe, pour retarder
l'ennemi, avec ordre de se retirer lentement,
de couper les ponts en se repliant, de se placer

ensuite derrière la Bionne et d'y faire la même manœuvre avant de s'établir à Braux-Saint-Cohère, Merzicourt et Berzieux, en avant du front du camp. Elle avoit en outre ordre de consommer et détruire tous les genres d'approvisionnemens qui se trouvoient dans le pays, à mesure qu'elle reculeroit, de fourrager, tant qu'elle ne seroit pas pressée, tous les villages depuis Perte jusqu'à la Croix en Champagne.

43. L'armée prussienne, qui n'avoit pas su profiter des avantages qu'elle avoit obtenus, pour nous attaquer dans le camp de Grand-pré, ou pour inquiéter du moins notre retraite, déboucha le 17 de Grand-pré où elle étoit la veille, et se dirigea par Vouziers et Autri, jusqu'à Cernei. *Stengel*, à la tête de son avant-garde, suivit parfaitement l'instruction qu'il avoit reçue. Il étendit au loin le ravage à sa gauche, et se retira le 18 dans les villages en avant du camp, après avoir chicané le passage de la Tourbe.

Les Prussiens arrivèrent le 19 en bon ordre, et se déployèrent sur les hauteurs de la Lune. Notre avant-garde occupoit celles de l'Iron. Les déploiemens de l'ennemi, qui faisoient présumer le dessein de tenter le sort d'une bataille, se dirigèrent principalement sur le front qu'occupoit *Kellermann*, en avant duquel se trouvoit, sur la droite, la hauteur du moulin de Valmi, et sur la gauche celle de Gizancourt.

Le lendemain, dès la pointe du jour, l'avant-garde, commandée par le général *Després-Crassier*, fut attaquée et forcée de se replier, après s'être défendue avec valeur et intelligence. Elle fut suivie par l'ennemi, qui marchant en très-grand nombre sur plusieurs colonnes, cherchoit à déborder la gauche de *Kellermann*, du côté de Gizancourt, sous la protection d'une artillerie formidable. Le général *Valence*, à la tête des carabiniers, rompit ce premier effort et contint très-long-temps les colonnes de l'ennemi sur une hauteur. Il fut secondé par l'artillerie que *Keller-mann* établit sur le plateau du moulin de Valmi, et dès-lors il s'engagea une canonnade terrible, et dont l'effet de notre côté arrêta la marche de l'ennemi.

Kellermann se mit en bataille, et malgré le désavantage de sa position, il présenta le combat depuis sept heures du matin jusqu'à sept heures du soir.

L'immobilité de l'ennemi, du côté de *Du-mouriez*, laissoit à la vérité son armée simple spectatrice de l'événement; mais elle ne pouvoit hasarder aucun mouvement, dans la crainte d'être elle-même attaquée.

Cependant *Dumouriez*, qui ne pouvoit pas

quitter sa position sans attirer sur lui le reste de l'armée prussienne, fit tout ce qu'il put pour secourir *Kellermann*. Le plus fort du danger se trouvoit du côté de Gizancourt, par où l'ennemi cherchoit à tourner la gauche de *Kellermann*, et du côté de l'Iron, d'où sa droite étoit prolongée par les Prussiens.

Pour garantir ces deux points, *Dumouriez* envoya *Chazot* avec neuf bataillons et huit escadrons, par le grand chemin de Châlons, avec ordre de se porter derrière la hauteur de Gizancourt, et de s'y tenir à la diposition et aux ordres de *Kellermann*. Il ordonna en même-temps à *Stengel* de se poster jusqu'à l'extrémité de l'Iron, pour flanquer la position de Valmi par la droite, comme *Chazot* alloit la flanquer par la gauche. Il mit en outre *Beurnonville* à la suite de *Stengel* avec seize bataillons en colonne, pour se développer sur l'Iron dans le cas où l'ennemi chercheroit à déborder ou bien à attaquer *Stengel*; et il fit appuyer la droite de *Beurnonville* par le général *Levesneur*, avec douze bataillons et huit escadrons se dirigeant sur Virgini pour tourner lui-même la gauche de l'ennemi.

Dumouriez se porta ensuite de sa personne auprès de *Kellermann* qui l'en fit prier, et passa quelques heures avec lui dans les batteries.

La sagesse de ces dispositions et la vigoureuse résistance que faisoit l'armée de *Kellermann*, déconcerta l'ennemi et l'empêcha d'accepter le combat qui lui étoit offert. La journée se passa en une canonnade de quatorze heures, qui se faisoit de très-près, et qui emporta beaucoup de braves gens de part et d'autre.

Kellermann garda sa position jusqu'à dix heures du soir. Il prit alors un autre camp sur la droite de l'ennemi, qui lui laissa faire tout son mouvement sans l'attaquer, quoiqu'il n'ait été possible de le finir que dans la matinée du lendemain.

L'ennemi fit une perte considérable, surtout en cavalerie et en artillerie ; nous en eûmes aussi une assez forte de notre côté. Nos troupes se conduisirent avec beaucoup d'ordre et de fermeté. Les officiers-généraux supérieurs et particuliers, et généralement toute l'armée, se signalèrent par un zèle, une valeur et une conduite qui décidèrent du sort de cette journée. Des rangs entiers furent emportés par l'explosion de trois caisses incendiées par un obus, sans que l'alignement fût dérangé. Une partie de la cavalerie, et sur-tout les carabiniers, furent souvent exposés à un feu très-vif et très-meurtrier, sans que leur courage et leur tranquillité se démentissent un seul instant.

Les armées restèrent en présence après cette affaire. Celle de l'ennemi se porta un peu sur la gauche de *Kellermann*. Par ce moyen elle occupa les routes de Châlons à Rheims et nous coupa ces deux communications. Elle ravagea tous les villages qui l'environnoient; mais en même temps elle augmenta sa détresse, parce que les gens de la campagne ayant pris l'épouvante , s'enfuirent et sauverent leurs bestiaux. L'impossibilité de subsister dans cette position, et le danger de pénétrer plus avant à la vue de deux armées qui venoient de lui montrer leur savoir - faire , la forcèrent de rétrograder.

45. La retraite hardie de Grand-pré et la jonction de toutes les troupes françaises, la journée du 20 septembre et le concert qui en avoit opéré le succès , les attaques infructueuses contre le poste des Islettes , et la position du camp de Sainte-Ménehould , donnèrent aux chefs des armées coalisées une ample matière à réflexions ; elles confirmèrent l'opinion qu'ils avoient déjà prise depuis quelque temps sur le projet d'entrer en France. Désabusés par l'expérience , ils sentirent que la retraite étoit le seul moyen de se tirer du mauvais pas dans lequel ils s'étoient fourrés; mais avant de l'exécuter, ils voulurent essayer si la négociation ne leur seroit pas plus favorable

que les chances de la guerre : elle commença
par une suspension d'armes qui fut convenue
verbalement. Quelques officiers prussiens ,
du nombre desquels se trouvoit un émigré ,
major au service de Prusse , vinrent dîner
avec les généraux *Dumouriez* et *Kellermann*.
Il se tint des conférences particulières , dont
le résultat ne produisit aucun effet. *Manstein,*
premier aide - de - camp du roi de Prusse , y
vint également , mais tout se passa de part et
d'autre en politesses ; il n'y eut rien de conclu.
Ces différentes entrevues confirmèrent la connoissance que nos généraux avoient acquise
sur l'état et sur la détresse de l'ennemi , qui
avoit reconnu de son côté par l'affaire du 20 ,
que notre *fayance* n'étoit pas aussi fragile
qu'il l'avoit pensé , et que l'ensemble de nos
troupes valoit au moins les siennes. D'un
autre côté , ces conférences et ces dîners se
faisoient sous les yeux de *Carra* , de *Prieur* ,
de *Sillery* , et de tous les surveillans dont
la convention entouroit les généraux. Pour
admettre , avec certains politiques , que ce
ton d'intimité avoit exclusivement pour base
des intelligences avec les Prussiens, il faudroit
ne pas connoître le caractère du guerrier , qui
ne voit plus d'ennemis quand il a quitté le
champ de bataille , et qui tend la main à
ceux qu'il vient de combattre , et trinque

même avec eux dès que le sabre est jetté ou
remis dans le fourreau. Il faudroit d'ailleurs
supposer que *Brunswick* et le roi de Prusse
étoient tout-à-coup devenus orléanistes ou
jacobins : cette supposition est si dénuée de
vraisemblance, qu'il me paroit infiniment plus
raisonnable de fixer à cet égard mon opinion
d'après les faits dont les détails me dé-
montrent avec une précision géométrique,
que sans intrigue et tout naturellement par
le simple résultat des opérations militaires,
l'ennemi, qui n'avoit pas assez vivement
poussé dans le principe son entreprise sur
la Champagne, devoit nécessairement échouer
dans cette expédition, et qu'il ne pouvoit
s'en tirer que par une retraite qu'il différa
trop long-temps. Ce raisonnement me paroît
fondé sur des preuves incontestables, du moins
pour ce qui concerne les plans d'attaques
et de défense exécutés de part et d'autre dans
le cours de cette campagne ; mais je ne vou-
drois pas garantir qu'il eût la même justesse
pour tout ce qui est relatif à la conduite respective des chefs et à la retraite des Prussiens.
Mon incertitude redouble, lorsque je con-
sidère qu'un très-grand nombre des gens en
place de ce temps-là, qui vouloient une monarchie et qui étoient assez indifférens sur
le choix de l'individu dont on feroit un

monarque , n'ayant pu lier leur partie avec *Louis XVI*, et sentant tout le mépris que méritoit d'*Orléans* , se sont effectivement beaucoup plus rapprochés de *Brunswick* et de ses entours, que les circonstances ne sembloient le permettre , et qu'ils ont eu pour toute l'armée prussienne des ménagemens qui furent portés au-delà des égards que le droit des gens autorise entre les parties belligérantes.

Mais en dernière analyse , toutes ces intrigues se concentrèrent entre quelques confidens que l'intérêt personnel dirigeoit ; et la troupe , qui n'y prit jamais aucune part, n'en a pas moins conservé tous ses droits à la gloire qu'elle s'est acquise en sauvant Paris et la France des dangers qui les menaçoient.

46. Cependant il régnoit depuis quelque temps entre les Prussiens et les Autrichiens, et sur-tout avec les Émigrés , une mésintelligence très-marquée. On reprochoit à ces derniers d'avoir promis plus qu'ils ne pouvoient tenir. Cette désunion n'avoit au reste rien de surprenant. L'expérience de tous les temps nous démontre quel est l'effet ordinaire de toutes les coalitions ; et c'est ce qui fait qu'une seule puissance attaquée par les forces réunies de plusieurs autres , résiste presque toujours à leurs efforts, malgré sa foiblesse apparente,
parce

parce qu'elle met dans toutes ses opérations un ensemble qui ne peut que très-difficilement s'établir dans celles de ses ennemis. Ceux que la France a combattus ont si complettement senti la force de cette vérité, que j'ai peine à croire qu'ils se déterminent à renouer jamais la coalition que la force de nos armes a détruite.

47. Pendant que nous étions dans cet état d'inaction sur les bords de l'Aisne, *Brunswick* cherchoit à réaliser ses vues sur Thionville, Montmédi et Metz, quoiqu'il n'eût plus l'espérance de pénétrer jusqu'à Paris, mais dans l'intention de conserver sur notre frontière des points qui pussent appuyer une nouvelle attaque.

La première de ces trois places fit échouer ses vues, par la plus vigoureuse résistance; et je ne crains point d'assurer qu'elle fut pour cette campagne et pour celles qui n'étoient encore qu'en projet, un des plus utiles bastions de la France. L'irruption de l'ennemi sur les deux autres, se réduisit à quelques tentatives qui n'eurent aucun succès.

Dans tout le cours de la campagne, l'armée de la coalition eut soin de conserver, sur les différens points qu'elle occupa successivement, la position qu'elle avoit prise en arrivant sur notre territoire, c'est-à-dire en patte d'oie;

Année 1792. F

elle cherchoit à nous tenir en échec en poussant des colonnes sur nos flancs, tandis que d'autres avançoient diagonalement et nous faisoient de fausses attaques. Elle déployoit ordinairement un grand front pour faciliter son mouvement et pour nous tourner. Elle faisoit toujours deux fausses attaques et présentoit le combat sur trois points ; ce jeu lui étoit d'autant plus facile, que pouvant, à l'aide de sa nombreuse cavalerie légère qui éclairoit devant elle, nous cacher les mouvemens de son infanterie, elle avoit la faculté de la renforcer sans être vue du côté où elle faisoit sa véritable attaque. A l'aide de ces mesures elle pressuroit les campagnes, et les avoit tellement ruinées qu'elle n'y trouvoit plus elle-même rien à prendre.

Il ne lui restoit plus aucune ressource, aucun moyen de subsistance dans les différentes positions qu'elle avoit occupées : aussi *Dumouriez* avoit-il très-sainement jugé qu'elle ne pouvoit pas les garder plus long-temps, parce qu'elle se trouvoit isolée au milieu des plaines désertes de la Champagne, et parce qu'elle ne pouvoit recevoir ses convois que du côté de Grand-pré.

Depuis quelques jours *Beurnonville* avoit été détaché avec un corps de douze mille hommes pour intercepter cette communication.

Ce général, qui a donné dans tous les temps les preuves les plus honorables d'activité, de zèle et d'intelligence, remplit complettement sa mission : il s'empara de plusieurs convois et fit un grand nombre de prisonniers.

Il est difficile de se persuader que des généraux expérimentés se fussent enfoncés dans un pays si défavorable pour faire la guerre offensive, et qu'ils y eussent séjourné si long-temps sans chercher à s'en tirer par les moyens que les premiers élémens du métier indiquent, s'ils n'avoient pas eu de fortes raisons pour en agir ainsi, et sur-tout s'ils n'avoient pas été déterminés par l'espérance d'être secondés par des manœuvres et par les intelligences qu'ils entretenoient avec l'intérieur. Le général *Dumouriez*, informé de tous ces détails, qui décéloient leur déplorable situation, ne se trompoit pas lorsqu'il assuroit qu'en conservant sa position de Grand pré, et depuis celle de Sainte-Ménehould, il paralyseroit tous leurs mouvemens.

Au reste, l'armée de la coalition, si formidable lorsqu'elle se présenta sur notre frontière, se trouvoit alors presque réduite à moitié, par le nombre de ses malades qu'elle avoit été obligée d'évacuer par Grand-pré. Hommes, chevaux, tout avoit souffert et tout étoit hors d'état de tenir plus long-temps la campagne.

F 2

Ainsi la journée du 20 septembre n'avoit
fait qu'accélérer l'exécution du plan de défense
adopté par *Dumouriez*. Ses opérations combinées avec celles de *Kellermann*, avoient
mûri les succès sur lesquels il avoit toujours
compté, et miné sourdement l'ennemi, que
l'insuffisance de ses forces ne lui avoit pas
toujours permis d'attaquer et de combattre.

Toutes celles que la coalition avoit amenées
marchèrent en entrant en France, ainsi que
je l'ai dit plus haut, sur un front qui pouvoit
s'étendre depuis Virton jusqu'à Sar-Louis, et
sur une distance d'une trentaine de lieues ;
mais leur ligne, déjà coupée par la résistance
de Thionville et par les obstacles que Metz
présentoit, se rétrécissoit à chaque pas qu'elle
vouloit faire en avant, parce que *Dumouriez*
la pressoit sur son flanc droit et *Kellermann*
sur le gauche. Cette double étreinte resserroit
diagonalement le terrain qu'elle avoit à parcourir, et le terminoit en un triangle dont
le sommet tronqué venoit aboutir à l'une
des gorges de l'Argonne, entre Varennes et
Verdun. C'étoit par cette trouée, qui ne comporte pas plus de huit lieues d'ouverture,
couverte d'ailleurs par Sainte-Ménehould, et
qui étoit défendue par le poste des Islettes,
qu'il falloit, pour pénétrer dans la France, en-
filer une armée de quatre-vingt mille hommes,

avec ses trains d'artillerie et tous ses équipages, sous le feu de deux armées ennemies,
qui, malgré la foiblesse de leur nombre, étoient
continuellement sur le *qui vive* pour empêcher
que l'on essayât de sortir par un autre issue,
et dont l'une ne céda, lors de sa retraite de
Grand-pré, que pour prendre une position inex-
pugnable et pour se placer sur des hauteurs
qui commandoient tous les points du défilé.

L'événement a justifié que dans le cas même
où la coalition a été assez heureuse pour
profiter d'une surprise et pour trouver un autre
passage, les deux armées de *Dumouriez* et de
Kellermann, qui se grossissoient et s'aguerris-
soient tous les jours, ont eu de leur côté la
facilité de la contenir et d'arrêter sa marche,
en faisant un changement de front ou simplement de direction sur chaque armée.

48. L'ennemi, pris comme dans un piège et
réduit à l'impossibilité de faire un pas en avant,
ni sur ses flancs, sans être continuellement
harcelé, fut obligé de rétrograder.

Malgré la précipitation que la détresse
l'obligeoit de mettre dans sa retraite, et sans
s'appesantir trop fortement sur la question de
savoir si elle fut secondée par ceux qui étoient
chargés de la contrarier, il faut néanmoins
rendre hommage à la justesse des calculs d'après
lesquels il la combina. Fidèle au plan qu'il

avoit formé de conserver quelques places fortes sur notre frontière, et d'un autre côté dans l'intention d'affoiblir les effets de notre poursuite, il laissa toute sa gauche sur les différens points couverts par Verdun et par Longwi, ainsi que le corps de troupes qu'il avoit devant Thionville, et commença son mouvement, le 1.er d'octobre, par une contre-marche sur sa droite.

La tête de sa colonne, composée du corps de troupes qui s'étoit présenté devant *Kellermann*, à la journée du 20 de septembre, dirigea sa marche sur Somme-Tourbe et Suippes. Le 3 du même mois elle étoit à Autri. Nos postes en étoient très-voisins. *Beurnonville* s'étoit placé dans les environs; il occupoit également Lançon, le Bois-Cornet, etc., et la pressoit par sa droite. Le 5, elle avoit passé les défilés de Grand-pré et se sauvoit par la trouée de la Croix-aux-Bois. *Valence*, ayant *Despré-Crassier* et *Stengel* sous ses ordres, la poursuivoit par Vouziers, la Croix-aux-Bois et Buzancy; il la forçoit de décamper toutes les nuits dans la crainte de perdre ses arrières-gardes; mais cette précaution ne nous empêchoit pas de faire des prisonniers. *Harville* marchoit sur le Chêne-populeux, *Chazot* sur Sedan; nos deux armées encadroient les avant-gardes, et celle de *Dumou-*

riez s'étoit portée en avant du côté des gorges de Grand - pré.

49. *Kellermann*, après avoir pris son quartier-général à Sainte-Ménehould, marcha sur Dumballe, qui se trouvoit dégagé par l'évacuation de Varennes et de Clermont, et l'avant - garde, aux ordres de *Dillon*, prit poste à Sivri, à deux lieues de Verdun.

Cependant l'ennemi continuoit sa retraite du côté de Stenay, sur Longwi. On tiroit de tous ces détails la conclusion qui s'est complettement vérifiée depuis, que l'armée prussienne étoit ruinée et qu'elle ne pouvoit plus hiverner sur notre frontière ; que hors d'état d'entreprendre aucun siège devant une armée victorieuse, elle étoit réduite à se retirer tristement par le Luxembourg ou par le duché de Deux-Ponts, et qu'il étoit très-douteux que le roi de Prusse, dont les troupes avoient toujours été mises en avant pendant le cours de la campagne, fût disposé à continuer une guerre dont le début avoit été si malheureux et si funeste pour lui.

Les Émigrés n'avoient pas été les derniers à faire leur retraite ; dès le 4 ils étoient partis de Vouziers. Dans la même journée ils passèrent par le Chêne-populeux, et dirigèrent ensuite leur route par Stenay pour se rendre à Longwi.

F 4

5o. Quoique l'ennemi eût abandonné sa position dans les environs de Clermont et de Varennes; qu'il eût levé ses camps de la Lune et de l'Iron , et que toute la droite de sa ligne évacuât le territoire français par une marche que la crainte accéléroit, en même temps qu'elle étoit contrariée par la détresse dans laquelle il se trouvoit , cependant il étoit en très-grandes forces dans ses positions de gauche. Il occupoit encore Verdun et Longwi , et le blocus de Thionville n'étoit pas levé.

La conservation de ce petit coin , qui forme un triangle isocèle , lui tenoit fort à cœur, à raison de son voisinage avec Luxembourg et des facilités qu'il pouvoit donner pour l'essai d'une nouvelle entreprise. Son séjour dans cette partie auroit été pour nous une épine très piquante , et nous avions le plus grand intérêt de ne pas la laisser subsister.

Kellermann, qui s'étoit chargé de la poursuite de l'ennemi sur ce point, et qui avoit établi son camp à Dumballe, laissa *Dillon* avec son avant-garde à Sivri-la-Perche, pour contenir les différens camps occupés par l'ennemi à Regret, Glorieux et Mont-saint-Michel. Il se porta avec toute son armée au village d'Ansemont-sur-Meuse. Ce mouvement le rendoit maître du pont de Dicune sur cette rivière,

et entièrement sur le flanc gauche de l'ennemi.
Il fit en outre venir de Bar les pièces de seize
qu'il avoit tirées de Metz, et il avoit donné
ordre de les conduire au nouveau camp qu'il
alloit occuper. Au moment où *Kellermann* se
mit en marche pour exécuter son mouvement,
l'ennemi leva ses camps de Regret et de Glorieux, et repassa la Meuse dans Verdun. Le
général *Dillon*, qui se trouvoit plus à portée
d'être instruit de toutes ses démarches, courut
lui-même avec cinq bataillons de grenadiers et
plusieurs escadrons, s'emparer des postes qu'il
venoit de quitter; à midi toute sa troupe occupoit les camps de Glorieux et de Regret.

Kellermann, instruit dans sa marche de ces
divers mouvemens, approuva les mesures que
Dillon avoit prises. En arrivant au camp d'Ansemont il reçut une lettre de ce général, qui
lui annonçoit qu'aussitôt arrivé dans son nouveau camp, il avoit établi sur la hauteur de
Saint-Barthélemi, qui domine la citadelle de
Verdun de trois cents et quelques toises, une
batterie de pièces de position, qu'alors il avoit
envoyé sommer la place; *Dillon* lui faisoit
passer en même temps copie de la sommation
et de la réponse qui annonçoit l'intention de
se rendre. *Kellermann* chargea les généraux
Valence et *Galbaud* de régler les articles de
le capitulation.

La reddition de Verdun ne changea rien aux dispositions de *Kellermann*. Il fit marcher son avant-garde, qui se porta vers Estain; ses postes avancés ne cessèrent de faire des prisonniers. La marche de l'armée ne pouvoit s'opérer avec toute la célérité désirée. La Meuse étoit tellement débordée, qu'il étoit difficile de faire passer l'artillerie. Cette inondation provenoit des écluses que l'ennemi tenoit fermées. L'avant-garde avoit néanmoins passé la rivière mais avec de l'eau jusqu'à la ceinture. Malgré ces obstacles *Kellermann* fut en avant. Verdun avoit capitulé le 12; le lendemain nos troupes entrèrent dans la place sur le midi. La cavalerie passa la Meuse, et le reste de l'armée traversa la ville pour aller camper sur la rive droite du fleuve. On détacha des avant-gardes dont la marche se dirigea sur Longwi.

Une division commandée par *Kellermann*, se porta ensuite sur Vadoncourt, tandis qu'une autre, aux ordres de *Valence*, qui étoit venu remplacer *Dillon*, s'avançoit à travers la forêt de Mangiennes et portoit son avant-garde jusqu'à Pillon, qui étoit occupé par l'ennemi. Il fit attaquer les postes de Saint-Rémi, la Tour, Saint-Marc, vieux Virton et Virton, qui furent emportés de vive force et à la bayonnette, après une canonnade très-vive de part et d'autre.

A la suite de cette attaque, qui devoit être

suivie de celle de Longwi, le duc de *Brunswick*
et le général *Kalkreuth* envoyèrent un parle-
mentaire. *Kellermann* déclara qu'il ne pouvoit
entrer en conférence tant que l'ennemi seroit
sur le territoire français, et que la reddition
de Longwi étoit un engagement préliminaire
sans lequel il ne pouvoit entamer aucune négociation. *Brunswick* proposa de rendre la
place le 26 ; on étoit alors au 18. *Kellermann*
insista pour que l'évacuation se fît le 22; la capitulation fut arrêtée au camp de Martin-
Fontaine entre les généraux *Kalkreuth* et *Valence*. L'armée de la République entra dans
Longwi le 22, et la reddition de cette place con-
somma l'évacuation du territoire français, sur
lequel il ne resta plus dès-lors aucune portion
des armées de la coalition, car déjà l'ennemi
s'étoit retiré de devant Thionville, (que le
général Wimphen avoit défendu avec autant
d'intelligence que de valeur) et les troupes sta-
tionnées dans toute cette partie de la frontière,
reunies aux gardes nationales du pays, lui
avoient vigoureusement donné la chasse.

51. Cependant les dangers qui nous avoient
assaillis du côté de la Champagne, disparois-
sant à mesure que l'armée de la coalition effec-
tuoit sa retraite, *Dumouriez* jugea qu'il pouvoit, sans courir de nouveaux risques, se dégarnir de ce côté et porter des forces sur sa

gauche que les Autrichiens pressoient vivement. Ils avoient profité de la levée des camps
retranchés pour faire de fréquentes incursions
sur la frontière du département du Nord, et
ils mettoient une atrocité révoltante dans cette
guerre de postes.

Le général *Moreton*, qui avoit par *interim*
le commandement de toute cette partie, n'étoit
pas suffisamment en forces pour les réprimer.
Leur fureur s'acharna plus particulièrement sur
Lille et ses environs.

52. Cette ville se trouve en première ligne
sur l'extrême frontière. Elle tient un rang dis-
tingué parmi nos places fortes. Sa position la
rendoit très-intéressante pour l'ennemi. Il se
proposoit d'en faire une place d'armes, qui lui
auroit fourni le double avantage de couvrir
ses possessions dans la West-Flandre, et de
lui donner de très-grandes facilités pour faire
une trouée sur ce point. En l'attaquant, il
espéroit d'ailleurs contraindre *Dumouriez* à
diviser ses forces pour la secourir, dans un
moment où il avoit besoin de toutes ses ressources pour faire face aux puissances coalisées qui l'occupoient alors très-sérieusement
dans les gorges de l'Argonne.

Une entreprise sur Lille, avec des moyens
aussi disproportionnés que ceux dont l'ennemi
pouvoit disposer pour cette expédition, auroit

été une véritable folie s'il n'avoit pas eu des
motifs aussi puissans, et s'il n'avoit pas compté
d'ailleurs sur des intelligences dans la place.

Dès le 25 de septembre il l'avoit cernée de
tous les côtés ; toutes les routes qui y conduisent étoient interceptées. La seule porte
d'Armentières étoit libre et il ne restoit plus
de communication que par Dunkerque. Ne
pouvant faire un investissement complet, il
poussoit en avant des partis qui s'avançoient
jusques sous les remparts à la faveur des faubourgs qui l'environnoient. Pour les écarter,
on prit, un peu tard à la vérité, le parti
d'incendier ceux de Fives et de Saint-Maurice,
qui se trouvoient sur le point le plus menacé.

Il y avoit alors dans cette ville une garnison de dix mille hommes, dont la grande
majorité en troupes soldées. Elle fit plusieurs
sorties et parvint à repousser les Autrichiens
au-delà d'Hellemmes, commune située à une
demi-lieue du glacis, sur la route de Tournai.

53. Le général *Latour* avoit un camp près de
cette commune. Il le renforça par d'autres
troupes qui occupoient Lannoy, Roubaix et
Turcoing. On y fit conduire un train d'artillerie de siège et toutes les munitions nécessaires pour en faire le service, et quand tous
ces préparatifs furent faits, le duc de *Saxe-
Teschen*, qui commandoit en chef l'expé-

dition, fit sommer la ville et la citadelle de
se rendre. Cette sommation contenoit l'offre
de la protection puissante de l'empereur et
la menace de rendre la municipalité respon-
sable des malheurs de la guerre. Le conseil
de la commune ayant fait la réponse la plus
ferme et la plus honorable, le duc de *Saxe*,
sans s'amuser à faire un siège régulier, fit
établir ses batteries à portée de la place et
la fit bombarder.

Ce genre d'attaque n'étoit pas usité dans
le système militaire de l'Europe, quoique
Louis XIV et quelques autres souverains
de sa trempe, que l'amour aveugle de leurs
peuples avoit gâtés, et qui se croyoient tout
permis parce qu'on les déifioit de leur vivant,
l'eussent employé quelquefois, et sur-tout lorsque le délire de l'orgueil les jettoit dans des
accès de colère ou de vengeance; on le regardoit comme contraire aux lois de la guerre.
Il étoit exclusivement réservé pour les attaques
maritimes, et l'on se permettoit tout au plus
de l'employer contre celles des villes continentales qui s'étoient rendues coupables de
quelque attentat dont la gravité pût excuser
une mesure aussi extrême.

Mais tous les moyens étoient bons lorsqu'ils tendoient à assouvir la fureur des puissances coalisées; elles auroient bombardé la

France entière, si elles avoient pu rassembler des moyens suffisans pour exécuter ce plan gigantesque. Elles n'hésitèrent pas à nous donner l'exemple de la violation du droit des gens ; et ce forfait, qui auroit suffi pour deshonorer leurs premières armes si elles n'avoient pas été pendant tout le cours de la guerre souillées par des excès de toute espèce, leur est devenu bien funeste par la suite, en même-temps qu'il a couvert de gloire les Lillois. Il nous a donné un droit de représailles qui a produit les plus grands succès pour la prise des villes que nous avons attaquées par la suite ; il a d'ailleurs totalement changé le système de l'attaque des places, dont presque aucune ne peut être maintenant regardée comme imprenable dès qu'on peut l'approcher à portée du mortier ou de l'obusier, pour peu sur-tout que la population soit nombreuse ; parce que l'habitant qui se trouve, par l'effet de la bombe et de l'obus, aussi exposé que le militaire, et qui, n'ayant pas comme lui la ressource des casemates, craint tout à-la-fois pour sa personne et pour ses propriétés, a nécessairement intérêt d'accélérer la reddition de la place, et finit par forcer la main du conseil de guerre, au lieu qu'il n'avoit en quelque sorte aucune espèce de risque à courir de l'attaque horisontale, dont le choc ne se dirigeoit que contre les remparts et contre ceux qui étoient chargés de les défendre.

Finalement ce genre d'attaque, qui nous a été indiqué par l'ennemi, et dans lequel nous avons été autorisés par son exemple, a eu plus d'influence que l'on ne pourroit le penser sur la guerre actuelle. C'est une vérité qui n'échappera sûrement pas à tous ceux qui réfléchiront sur la foiblesse des moyens que nous avons eu pour réduire les places les mieux fortifiées de l'Europe, et qui calculeront les difficultés que nous aurions éprouvées dans la conquête de la Belgique et sur-tout de la Hollande, s'il avoit fallu faire des sièges en règle, et si Bois-le-Duc, par exemple, avoit prolongé sa défense dans la proportion de celle de Grave. Mais il y avoit entre ces deux places une différence bien essentielle : Bois-le-Duc renfermoit dans son sein une population très-nombreuse, au lieu que Grave n'étoit, à proprement parler, qu'un établissement militaire dont la garnison maîtrisoit l'habitant, et pouvoit faire son devoir sans éprouver d'opposition de la part du citoyen.

J'aurai par la suite occasion de m'étendre davantage sur le siège de ces deux villes que j'ai vu faire sous mes yeux. Je reviens au bombardement de Lille.

Indépendamment

Indépendamment du camp d'Hellemmes,
l'ennemi en avoit établi un second sur les hauteurs de Mons-en-Bareuil; les forces de ces
deux camps n'excédoient pas trente mille hommes. Il avoit ouvert ses tranchées au pied
d'Hellemmes, et formé deux parallèles qui
s'étendoient depuis la droite du faubourg de
Fives jusqu'à la gauche de celui des Malades,
et qui battoient tout le front de Tournai. Ses
batteries étoient placées par échelons et à cent
pas de distance; chacune d'elles avoit un gril
pour rougir les boulets, et d'après les dispositions qui avoient été établies, au moins deux
cents bouches à feu tiroient sur la ville. Le duc
de *Saxe-Teschen*, qui vouloit tout voir sans
être exposé, avoit fait élever une butte couverte par un retranchement très-épais. C'est
sur le sommet de cette terrasse que la farouche
Christine, accompagnée des dames de sa suite,
parmi lesquelles on a prétendu qu'il y avoit
plusieurs femmes d'émigrés, venoit jouir en
personne des horreurs commandées par le duc
de *Saxe* qu'elle secondoit parfaitement. On fit
pleuvoir devant elle une grêle de bombes et de
boulets rouges pour hâter la destruction de
cette opulente cité qu'elle appeloit un repaire
de scélérats, et qu'elle regrettoit de ne pas voir
détruite. On publia dans le temps qu'elle s'étoit
donné le plaisir de lui envoyer quelques bou-

Année 1792.  G

lets rouges de sa main ; mais les informations que j'ai été à portée de prendre pendant les huit mois que j'ai commandé depuis sur les différens points que l'armée autrichienne occupoit alors, ne m'ont fourni aucuns renseignemens assez positifs pour que je puisse les présenter comme certains.

54. Du 23 septembre au 3 octobre l'ennemi ne discontinua son feu que pour prendre le temps de réparer ses batteries. Deux cents maisons furent brûlées par la bombe et le boulet rouge, et près de deux mille endommagées. Il changea ses batteries et les dirigea particulièrement sur la maison commune, sur l'hôpital militaire et sur le quartier Saint-Sauveur. Il avoit choisi de préférence ce quartier parce qu'il étoit habité en très-grande majorité par les citoyens les plus pauvres, et qu'il regardoit comme les moins susceptibles d'être ménagés. Les administrateurs furent sur le point d'aller siéger sur la place, un boulet tomba sur le bureau pendant le cours d'une séance.

Le 3 octobre il y avoit cent quarante-quatre heures que la ville étoit canonnée et bombardée. L'ennemi lui avoit jetté trente mille boulets rouges et six mille bombes; afin d'en rendre l'effet plus meurtrier, il avoit pris l'atroce précaution de mêler des clous et de la mitraille dans la charge de ses bombes, dont le poids s'élevoit jusqu'à cinq cents livres.

Quelques citoyens eurent la louable audace d'empêcher l'éclat de plusieurs de ces bombes en arrachant la mêche avant que la charge eût eu le temps de s'enflammer. La nécessité, qui est la mère de l'industrie, procura la découverte d'un moyen de rendre moins funeste le genre d'hostilité exercé contre Lille. Dans chaque maison une partie des habitans restoit jour et nuit sur le seuil de la porte, tandis que l'autre se tenoit dans le grenier. On voyoit ainsi tomber le boulet, on s'avertissoit mutuellement, on le saisissoit à l'instant de sa chûte avec des casseroles, et on le jettoit dans des chaudrons pleins d'eau que l'on tenoit prêts pour le recevoir. Les greniers étoient d'ailleurs garnis de deux ou trois pieds de fumier, fréquemment mouillé, de manière que les incendies devinrent chaque jour plus rares, et qu'ils étoient d'ailleurs promptement éteints par la rapidité du service d'un grand nombre de pompes distribuées sur tous les lieux les plus exposés. Les rues ne furent pas dépavées parce que cela auroit entraîné beaucoup de lenteurs et d'inconvéniens ; mais les quartiers sur lesquels l'ennemi dirigeoit son feu, étoient également garnis de fumier mouillé.

Les Autrichiens tiroient beaucoup plus la

nuit que le jour. Du côté de la ville on étoit
forcé d'ajuster pour démonter leurs batteries,
mais eux qui se contentoient de diriger leurs
pièces seulement vers tel ou tel quartier et non
pas sur un petit point déterminé, tiroient à
toute volée en ligne paraboloïdale et sans
ajuster, de façon que l'effet d'une grande
partie des boulets étoit perdu, et qu'ils tom-
boient au bout de leur portée, ce qui donnoit
plus de facilité pour les saisir à l'instant de
leur chûte que l'obscurité rendoit plus sensible.

L'attaque qui se faisoit sur le front de Tournai, étoit d'ailleurs à bonne portée d'un pâté
placé à gauche en sortant de la porte de Fives,
qui enfiloit les parallèles de l'ennemi, et qui,
par son feu continuel, l'incommodoit plus que
tout ce qui étoit tiré du côté de la ville. Ce
pâté lui démonta trois ou quatre batteries;
mais il en avoit une qui étoit masquée, ce
qui la rendoit très-difficile à atteindre; elle
gênoit beaucoup les assiégés.

55. Les assiégeans, qui ne faisoient pas la
guerre aux remparts, mais aux citoyens,
avoient trouvé le moyen de mettre ceux de la
ville aux prises avec ceux de la campagne.
A coups de plats de sabre et de bâton ils
forçoient ceux-ci de travailler à découvert à
leurs batteries. S'ils se sauvoient, on leur
tiroit des coups de fusil; s'ils restoient, ils

se trouvoient exposés au canon de la place ou du pâté, et telle étoit la perplexité des assiégés que les boulets qu'ils tiroient pour se défendre pouvoient également atteindre leurs concitoyens et l'ennemi.

Malgré cette position déplorable, la ville étoit aussi tranquille que les circonstances pouvoient le permettre. La gaité et le courage du peuple ne furent ni abattus ni altérés.

Je pourrois citer une foule d'actions héroïques de la part des assiégés, mais je m'écarterois de mon plan, qui ne comporte que le rapprochement des principaux événemens de la guerre, afin de les présenter dans leur ensemble.

Le bombardement de Lille n'avoit été entrepris que par suite de cette erreur qui avoit déterminé l'invasion des puissances coalisées dans la Champagne. Elles avoient compté sur des intelligences dont on leur avoit exagéré l'effet. Le duc de *Saxe*, de son côté, avoit espéré que les habitans du quartier Saint-Sauveur, intimidés par l'effet de ses bouches à feu, et provoqués par les soins de quelques uns des affidés, se mettroient en insurrection et lui livreroient la ville; mais ce peuple sur lequel il avoit fondé de coupables espérances et dont les habitations n'étoient plus qu'un monceau de cendres et de ruines, s'est trouvé un peuple de héros.

G 3

56. Le duc de *Saxe-Teschen*, découragé par
la résistance des Lillois et par la retraite de
l'armée prussienne, prit également le parti de
faire la sienne, après avoir, pendant onze jours
entiers, porté le meurtre et le feu dans leurs
murs et sur tous les environs. Il se retira chargé
de l'exécration d'un pays dans lequel sa mé-
moire et celle de la princesse *Christine* pas-
seront à la postérité la plus reculée, sous la
flétrissure qu'il ont encourue l'un et l'autre
par l'atrocité de leur conduite, après avoir
perdu plus de quatre mille hommes sur vingt-
deux à trente mille qui furent successivement
employés dans cette expédition, dont ils ne
recueillirent d'autres fruits que les remords
d'avoir violé les droits les plus sacrés, et d'avoir
encouragé leurs troupes à des brigandages et
à des actes d'inhumanité dont le récit feroit
frémir si j'entreprenois de les circonstancier.

Dans la journée du 6 octobre les Autrichiens
cessèrent leur feu ; ils commencèrent leur retraite par le renvoi de l'artillerie, qui avoit
prodigieusement souffert. Trois-cents hommes
de la garnison de Lille, envoyés à la découverte dans la matinée du 7, les trouvèrent en
forces dans les haies qui avoisinent le faubourg de Fives. Ils occupoient encore les camps
d'Hellemmes et de Mons-en-Bareuil. Leurs
retranchemens etoient protégés par deux bat-

teries et gardés par un bataillon de fusiliers et par plusieurs autres de grenadiers. La cavalerie voltigeoit sur les ailes. Dans la même journée ils achevèrent leur retraite, qui fut accompagnée de tous les excès que les brigands seuls peuvent se permettre.

Je terminerai ces détails par une réflexion. Quel est l'homme impartial qui pourroit reconnoître le caractère d'un guerrier dans toute la conduite que le duc de *Saxe-Teschen* a tenue pendant le cours de ce siège?

Il se proposoit d'essayer une pareille tentative sur Condé et sur Valenciennes. Déjà même le général *Beaulieu* s'étoit porté sur les hauteurs d'Ansin avec le corps de troupes qu'il commandoit; mais l'état des choses étoit changé. Le plan d'attaque essayé du côté de la Champagne avoit eu une exécution si contraire aux espérances de la coalition, que le mouvement rétrograde opéré sur cette partie devoit nécessairement entraîner celui de toute la ligne, qui depuis le démantélement ordonné par l'empereur *Joseph*, n'avoit pas, sur plus de quatre-vingt lieues d'étendue, d'autre place forte que Luxembourg et Namur pour se couvrir, et qui, pour arrêter l'essor d'une armée victorieuse à qui les dispositions du local présentoient une infinité d'avantages, n'avoit d'autres moyens de résistance que quelques positions avantageuses

G 4

dont la ressource dépendoit de l'événement d'une bataille ou d'un combat.

Aussi le duc de *Saxe-Teschen* n'eut il garde d'attendre l'arrivée du corps de douze-mille hommes que le général *la Bourdonnaye* amenoit au secours de Lille, et de celui qui étoit annoncé par *Dumouriez*. Il calcula très-prudemment que leur réunion à la garnison de Lille, qui avoit été considérablement renforcée, et dont il avoit éprouvé l'énergie pendant le cours du bombardement, rameneroit les choses au point d'égalité que la coalition a redoutée pendant tout le cours de la guerre : car il est de la plus exacte vérité qu'elle s'est toujours tenue sur la deffensive, et qu'elle n'a jamais fait la moindre entreprise que lorsque le succès a été pour ainsi dire assuré par une supériorité de forces écrasante.

Cette vérité deviendra plus sensible dans les développemens ultérieurs. Au surplus, ce corps de troupes, dont l'augmentation graduelle assuroit la tranquillité de tout le département du Nord, vint s'établir au camp de la Madelaine, sous Lille, et y resta jusqu'à ce que les progrès de l'armée de droite eussent mis *Dumouriez* à portée de donner plus de consistance aux plans qu'il avoit formés pour prendre à son tour l'offensive.

57. Mais avant d'entrer dans ces nouveaux

détails, qui appartiennent à la campagne d'hiver, je dois terminer celle d'été en rendant compte des opérations dont l'exécution étoit confiée au général *Custines*, sur le Rhin, et au général *Montesquiou*, qui commandoit l'armée du Midi.

La nécessité, qui avoit obligé le général *Dumouriez* à tirer des renforts de sa gauche pour faire face aux armées de la coalition dans la Champagne, contraignit également l'ennemi à en tirer de la sienne pour faire face à *Dumouriez* dans les gorges de l'Argonne. La levée des camps retranchés avoit mis à découvert toute la frontière du département du Nord. Les généraux de la coalition, en attirant successivement à eux toutes les troupes allemandes, d'abord l'armée du prince de *Hohenlohë-Kirckberg*, ensuite le corps resté sous les ordres du général d'*Erback*, découvrirent de leur côté l'électorat de Trèves et tout le palatinat du Rhin.

Le duc de *Saxe-Teschen* abusa de notre situation, non pas en portant le théâtre de la guerre du côté de Lille et de ses environs, mais en y faisant les actes d'hostilité que je viens de détailler. Le général *Custines* profita de celle de l'ennemi pour faire des opérations militaires que tout homme d'honneur peut avouer, et je soumettrois volontiers le parallèle de ces

deux généraux aux habitans de Spire, Worms,
Mayence et Francfort.

Custines avoit été, vers le milieu de la campagne, détaché sur le Bas-Rhin avec une division tirée de l'armée du général *Biron ;* ses
forces, qui consistoient en quinze mille hommes d'excellentes troupes, campoient derrière
les lignes de la Lauter, l'aile droite appuyée
sur Weissembourg et la gauche sur un défilé.
Tous les passages jusqu'à Lauterbourg étoient
gardés par de forts détachemens, protégés
par des fortifications et garnis de bouches à
feu, de manière qu'il pouvoit tenir tête à quarante mille hommes.

L'ennemi qui lui étoit opposé, campoit à
Lingenfeld, à trois lieues de Landau; ses
forces s'élevoient à six mille hommes, dont un
régiment de chevaux légers, deux d'infanterie,
et quelques Croates. Il avoit trente pièces d'artillerie, dont le plus fort calibre étoit de six
livres. Il y eut d'abord de part et d'autre quelques affaires trop peu importantes pour être
détaillées. D'ailleurs la mission de *Custines*
étoit plutôt de couvrir le point dont la garde
lui étoit confiée, que de faire des entreprises
sur l'ennemi.

Par suite du mouvement que l'armée de la
coalition faisoit pour se renforcer du côté de
la Champagne, le corps de troupes opposé au

général *Custines*, après avoir reçu du renfort,
se porta sur la Sarre et fut remplacé dans sa
position par un autre qui étoit de deux mille
quatre à cinq cents hommes. L'état d'inaction
à laquelle *Custines* se trouvoit réduit pesoit à
sa troupe : elle desiroit aller en avant ; mais les
circonstances ne permirent au général de ceder
à l'empressement qu'elle lui montroit que lorsqu'il crut pouvoir, sans compromettre le pays
qu'il laisseroit derrière lui, faire une incursion
dans le palatinat du Rhin ; suivant l'ordre qu'il
en avoit reçu du général *Biron*. D'après le
plan qui avoit été concerté entre eux, *Custines*
devoit attaquer Spire, où il se trouvoit plus
de quatre mille Autrichiens ou Mayençais, et
des magasins conséquens. La mauvaise saison
contrarioit cette entreprise. Elle retarda la
marche de l'armée que *Custines* avoit rassem-
blée sur Landau ; mais il parvint à surmonter
les obstacles opposés par la dégradation que
l'abondance des pluies avoit opérée sur les chemins que devoit parcourir le corps de troupes
à ses ordres, destiné à couper la retraite de
l'armée de la coalition sur Worms.

58. Malgré ces obstacles, il s'étoit mis en
marche le 29 de septembre, à neuf heures du
soir. A deux heures dans la nuit il arriva aux
débouchés qui conduisent à Spire, Worms et
Manheim. Il trouva les Autrichiens en bataille

en avant de Spire, leur droite appuyée à un escarpement qui se trouve au dessus de la porte de Worms, un ravin devant eux, et la gauche prolongée vers des jardins entourés de fortes haies. Il n'hésita pas un instant à les attaquer dans cette position, en dirigeant sur leur ligne un grand feu de son artillerie soutenue par quatre bataillons destinés à s'emparer d'une hauteur qui la dominoit et la bordoit. L'ennemi s'étant déterminé très-promptement à faire sa retraite dans l'intérieur de la ville, *Custines* essaya d'enfoncer les portes à coups de canon; mais l'ardeur qui animoit nos troupes lui fit préférer de les forcer à coups de hache. Ce moyen fut accueilli avec transport. La première porte et celle de la seconde enceinte furent détruites dans un instant et les ennemis repoussés de toutes parts; mais ceux-ci s'étant emparés des maisons, qu'ils crénelèrent, commencèrent un feu très-vif. Cependant la précaution que *Custines* avoit prise de mettre des obusiers et des pièces de huit à la tête de ses colonnes lui laissa la facilité de rallier la troupe qui avoit été un peu étonnée dans le premier moment, et bientôt les Autrichiens ne songèrent plus qu'à la retraite.

Houchard, qui étoit le bras droit de *Custines*, et qu'une inondation très-forte avoit empêché d'approcher du Rhin, trouva cependant

le moyen de faire, avec le régiment qu'il commandoit, une charge dans laquelle on s'empara de quatre cents prisonniers. L'ennemi fut
arrêté dans sa retraite et contraint de mettre
bas les armes. Plus de trois mille hommes
furent faits, prisonniers dans cette journée,
qui fit en outre tomber dans nos mains un
grand nombre de drapeaux, d'étendards et de
bouches à feu, tant obusiers que canons. Il se
trouva dans la place des magasins immenses,
dont nous nous emparâmes également.

Custines, qui ne faisoit pas la guerre comme
les généraux des puissances coalisées, et sur-
tout comme le duc de *Saxe-Teschen*, signala
son entrée dans Spire par un acte de sévérité
que lui prescrivoient son attachement à la discipline militaire et son respect pour les propriétés de l'ennemi qu'il venoit de vaincre.
Malgré tous les soins qu'il s'étoit donnés pour
arrêter le pillage et la dévastation d'une ville
qui, emportée de vive force, en avoit néanmoins été préservée, dans les premiers momens, des agitateurs, dont on ne manquoit
pas dans nos armées, provoquèrent le pillage
dans quelques maisons de chanoines. Cette
scène se renouvella à plusieurs reprises et fut
promptement appaisée. Mais la troupe, en-
trainée par les suggestions de quelques scélérats,
recommença le désordre avec plus de violence ;

des armoires furent enfoncées , de l'argenterie
fut emportée ; les auteurs de ces excès furent
arrêtés et fusillés sur-le-champ. L'armée entière
applaudit à cet exemple , terrible , mais nécessaire. On prit en outre les mesures qui con-
venoient pour assurer la restitution de ce qui
avoit été pillé , ou bien une indemnité équivalente.

Indépendamment des prisonniers qui furent
conduits à Strasbourg , huit cents Autrichiens
périrent dans cette affaire , et quatre cents se
noyèrent dans le Rhin. Les approvisionnemens
qui se trouvèrent dans les magasins furent éva-
cués sur Landau.

L'ennemi, que cette incursion allarma , fit
marcher douze mille hommes aux ordres du
général d'*Erback* , pour couvrir Worms et
Mayence ; mais ils arrivèrent trop tard pour
la première de ces deux villes , car déjà quatre
mille six cents hommes des nôtres s'en étoient
emparés. On y trouva , comme à Spire , des
magasins très-garnis ; il furent également éva-
cués sur Landau.

59. *Custines* leva quatre cent soixante-dix-
neuf mille livres sur Spire et douze cent mille
sur Worms, en contributions qu'il fit payer en
très-grande partie , et pour le surplus il se fit
donner des ôtages qui furent conduits à Landau , pour y rester jusqu'au paiement définitif.

Toutes ces contributions, que les lois de la guerre autorisent à titre d'indemnité des frais qu'elle occasionne, furent levées avec un mélange d'exactitude et de décence qui firent sinon chérir, du moins respecter le nom français dans le pays, et les habitans qui les trouvoient un peu fortes, ne pouvant élever aucun reproche sur le mode de les lever, se contentèrent de reclamer une diminution, qui leur fut accordée par la convention nationale.

La maison Palatine avoit reçu dans la ville de Manheim les magasins de l'ennemi. *Custines*, instruit de cette infraction à la neutralité convenue avec cette maison, qui étoit une ancienne alliée de la nation française, s'en plaignit au ministre dirigeant à Manheim, et lui demanda la liberté de faire vérifier l'état des choses relativement à ces magasins, en lui déclarant que dans le cas de refus il seroit obligé d'employer les mesures de rigueur qui lui seroient prescrites par les circonstances. La réponse n'ayant pas été aussi satisfaisante qu'il avoit le droit de l'espérer, il fit une expédition sur Manheim. On trouva plus de trois mille sacs de grains appartenant à l'ennemi, dans cette place, sur laquelle on leva quinze cents mille livres de contributions.

60. Nos grenadiers passèrent le Rhin et poussèrent leur course jusques dans Philisbourg,

d'où ils ramenèrent quelques Prussiens et quelques chevaux. Un corps de quinze mille Français s'avança jusqu'à Darmstadt, et le magistrat de Francfort envoya au général des députés pour l'informer qu'il ne trouveroit que des amis dans cette ville. Une seconde colonne marcha par Kreutznach et Turckeim, vers Mayence et Coblentz. Le respect que notre armée avoit montré dans ses diverses expéditions, et sur-tout à Newied, pour les personnes et pour les propriétés, nous avoit fait beaucoup d'amis dans tout le pays, et ces heureuses dispositions se faisoient également sentir à Coblentz.

61. Mais un mouvement qui se fit alors sur le Rhin nous empêcha d'en profiter pour le moment, et *Custines*, qui étoit parvenu à faire opérer l'évacuation de tous les magasins et le paiement d'une très-grande partie des contributions levées sur Spire et sur Worms, se détermina à rétrograder, et il se porta à Etteinghem, village situé à deux lieues de Landau. Cette retraite volontaire et de pure précaution, ne fut troublée par aucun ennemi. Elle tenoit à des démonstrations qu'il avoit faites sur la rive gauche du Rhin, à la hauteur du commandement de *Biron*.

62. Il essaya même de passer ce fleuve du côté de Rheinzabern, mais ce simulacre n'eut

pas

pas de suites inquiétantes. Il avoit jetté six
mille hommes sur la rive gauche; *Custines*,
qui n'étoit pas exactement instruit de leur nombre, détacha de son armée, pour les repousser,
trois mille hommes qui arrivèrent assez à
temps pour voir le dernier bateau aborder
de notre côté. Mais l'ennemi ne fit pas un
long séjour sur cette rive; il se retira à l'approche de nos troupes; et la frayeur avoit
tellement redoublé la force de chaque individu, que, suivant le rapport de plusieurs
cultivateurs, ils n'avoient jamais vu sur le
Rhin de bateaux manœuvrant avec autant de
vîtesse.

Ce succès, quoique léger, la tournure que
les affaires prenoient sur la gauche, et les
combinaisons qui avoient été faites pour exécuter le plan de campagne d'hiver projetté par
Dumouriez, motivèrent l'essai d'une nouvelle
entreprise sur Mayence. *Custines* marcha sur
cette ville le 16 octobre, après avoir levé
son camp d'Edesheim; il prit des cantonnemens à Ferstadt, la plus belle partie du pays.
Le 18, à la pointe du jour, il envoya de forts
détachemens pour s'emparer des postes voisins
de Mayence; ces détachemens firent dix-huit
lieues en moins de vingt-quatre heures. Il falloit toute cette rapidité pour ôter à l'ennemi
le temps de rompre le pont. Le 19, la gauche

Année 1792.   H

de l'armée s'étendit sur la rive du Rhin, la droite occupant les côteaux de vignes.

Quelques troupes légères de l'ennemi volti-geoient aux environs ; mais elles furent chas-sées à coups de canon. *Custines* s'empara des redoutes et s'avança à cent cinquante toises de la place. Il connoissoit l'état des forces qui étoient dedans : elles consistoient en treize cents hommes de troupes des Cercles, les dé-bris de celles qui avoient échappé à Spire, quel-ques Autrichiens, et la bourgeoisie à laquelle on avoit fait prendre les armes, ce qui for-moit un total de six mille hommes.

63. Le 20, *Custines* fit sommer la place. Le commandant déclara qu'il vouloit se défendre ; cependant il demanda jusqu'au 21 pour don-ner une réponse positive. Ces pourparlers furent suivis d'une canonnade qui ne produisit pas un très-grand effet, parce que les postes avoient été disposés de manière à ne pas être trop exposés. Sur les sept heures du soir le commandant proposa de capituler ; l'impor-tance de la forteresse, qui étoit encore intacte, décida le général à ne pas imposer à la garnison des conditions plus dures que celle de ne pouvoir servir d'un an, à compter du jour de la capitulation, ni contre la République française, ni contre ses alliés. La prise de Spire, dont on avoit conservé la possession

malgré le mouvement rétrograde , la valeur
des troupes françaises et l'ordre qui régnoit
dans l'armée, firent écouter cette proposition ,
et la condition fut acceptée sans difficulté. Les
soldats autrichiens brûloient de sortir de la
ville, dans la crainte d'être massacrés par
les soldats français, comme leurs officiers le
leur avoient sans cesse répété. Cette capitulation fut arrêtée le 21 octobre , deux jours
après l'arrivée de l'armée française devant
Mayence.

Trois jours après, nos troupes entrèrent dans
Francfort et y levèrent une contribution de
quinze cent mille florins.

Cette expédition, qui nous rendoit maîtres
du cours du Rhin, fut exécutée par seize mille
hommes ; elle jetta la terreur dans toute l'Allemagne. Elle facilitoit d'ailleurs les approvisionnemens dont nous avions le plus grand
besoin, et elle couvroit sur notre droite les
opérations de la campagne qui alloit s'ouvrir.
Cependant l'extension très-irréfléchie qui lui
fut donnée quelque temps après, devint très-
préjudiciable, comme on le verra par la suite.

64. Tandis que *Biron* couvroit les passages
de la Suisse et les rives du Haut-Rhin ; que
Dumouriez et *Kellermann* tenoient en échec les
armées de la coalition, et qu'après leur avoir
fermé l'entrée de la France, ils les repous-

H 2

soient au-delà de nos frontières ; que *Custines*
entamoit le territoire étranger et conquéroit le
Bas-Rhin ; que la gauche de notre ligne , quoique réduite aux places fortes qui garnissent le
département du Nord , résistoit aux différentes
attaques des Autrichiens ; qu'à la honte du duc
de *Saxe-Teschen* et de la princesse *Christine*,
les Lillois réduits à défendre leurs foyers sous
une voûte de bombes et de boulets rouges, étonnoient l'Europe par la vigueur et l'audace de
leur résistance à l'oppression, *Montesquiou*, en
quinze jours de temps , faisoit la conquête de
la Savoie, et *Anselme* et *Truguet* nous ouvroient
les portes de l'Italie ; et ce qu'il y a de plus remarquable , c'est que trois mois ont suffi pour
opérer tout l'ensemble des succès que je viens
de détailler.

Le roi de Sardaigne avoit concouru , avec
le surplus des puissances, à la convention de
Pilnitz ; il faisoit partie intégrante de la coalition. A la vérité , il ne s'étoit encore déclaré
par aucun acte marquant d'hostilité ; mais il
n'en étoit pas moins certain que la prétendue
neutralité dans laquelle il tenoit ses Piémontais , n'étoit qu'une ruse employée pour se ménager le temps de se mettre en forces, afin de
fondre sur nous , sans courir aucuns risques,
au moment où nous nous attendrions le moins
à cette irruption , et où terrassés, comme on

l'espéroit alors, par la Prusse et par l'Autriche, nous nous trouverions hors d'état de la repousser.

Il avoit pris une part très-active dans les démarches qui se faisoient pour déterminer la Suisse à rompre avec la France, et pour entraîner la république de Genève dans cette rupture.

Au 2 de juillet précédent il n'avoit dans la Savoie que vingt-trois bataillons, dont plusieurs incomplets, formant environ onze mille hommes, six cents hommes de cavalerie, trois pièces de canon de gros calibre et quelques-unes de petit; mais il venoit d'augmenter ses troupes de cinq à six mille hommes pour la Savoie seulement. Le surplus de ses forces réparties dans ses autres états étoient à-peu-près dans la même proportion, et elles avoient pareillement été augmentées.

Ces motifs qui avoient déterminé, dès le commencement de la campagne, à établir une armée d'observation sur la frontière du midi, et la connoissance survenue depuis des dispositions qui le concernoient dans le traité de Pavie, dont je vais parler dans un instant, décidèrent également le plan d'attaque de la Savoie, et l'ordre d'en commencer l'exécution fut adressé par le ministre de la guerre, au général *Montesquiou*, qui avoit le commandement de cette armée.

H 3

Il se mit en marche le 19 de septembre, et
le 23 il lui rendit compte de ses premières opérations, qui avoient eu un succès plus rapide
que l'on n'auroit osé l'espérer.

Montesquiou dirigea son armée par la route
de Grenoble à Chambéry, entre les montagnes
de l'Isère, passant sous le fort Barreaux. Les
redoutes que les Piémontais avoient construi-
tes sur la frontière, presqu'au moment de recevoir le canon, devoient, avec celui du château
des Marches, établir un feu croisé sur le débouché de Chapareillan par lequel il falloit que
nos troupes passassent pour entrer dans la
Savoie. Il n'y avoit pas un moment à perdre
pour détruire ce moyen de défense qui pouvoit
arrêter pendant long-temps.

Montesquiou donna ordre au général *Laroque* de marcher dans la nuit du 20 au 21, à la
tête de douze compagnies de grenadiers, de
douze piquets, de quatre cents chasseurs à
pied et de deux cents dragons. Le rendez-vous
fut fixé pour minuit à Chapareillan. Les troupes
y prêtèrent le serment de respecter les citoyens
désarmés et les propriétés du pays où elles
alloient entrer, et d'être généreux envers les
ennemis qui rendroient les armes. Des inconvéniens qu'il n'avoit pas été possible de prévoir, retardèrent la marche des troupes et
donnèrent aux Piémontais le temps de se retirer

de leurs redoutes avant d'être enveloppés. Elles furent détruites sur-le-champ, et il ne fut tiré que quelques coups de fusil. Personne de notre côté ne fut blessé ; mais nous ne pûmes faire que trois prisonniers, dont un lieutenant de la légion sarde.

Le général *Laroque* avoit couvert son détachement avec autant d'ordre que d'intelligence. Les troupes y montrèrent la plus grande ardeur ; elles observèrent le plus grand silence, la plus exacte discipline, et se comportèrent à l'égard du peu de Piémontais qui avoient été faits prisonniers, avec la générosité et le désintéressement qui caractérisent le véritable guerrier.

Dès que les Piémontais eurent connoissance de cette expédition, ils évacuèrent, avec la plus grande précipitation, les châteaux des Marches, de Bellegarde, d'Apresmont et de Notre-Dame-de-Mians. Nos troupes en prirent possession dans la journée.

On continua de pousser tous les postes qui garnissoient la frontière depuis Apresmont jusqu'à Saint-Genis, afin d'ouvrir le passage à l'avant-garde qui avoit été laissée dans cette partie sous les ordres du général *Caza-Bianca*. Ce premier succès fut très rapidement suivi de la reddition de Montmélian, qui ouvrit ses portes.

H 4

Montesquiou fit rétablir le pont de l'Isère, qui avoit été entraîné par une crue d'eau, et de suite il poursuivit l'arrière-garde des Piémontais et se rendit maître de tout le pays depuis le rivage de l'Isère jusqu'au lac de Genève. Les troupes ennemies mirent tant de rapidité dans leur course, qu'il fut impossible de les atteindre ; mais leur déroute et le butin qu'elles laissèrent étoient aussi considérables qu'ils auroient pu l'être après la victoire la plus complette.

Cette expédition fut exécutée avec douze bataillons ; ils suffirent pour mettre en fuite quinze mille hommes, qui se cachèrent dans les montagnes.

Après avoir pris possession d'Annecy, Carouge et Thonon, *Montesquiou* s'avança avec huit mille hommes jusqu'à l'Hôpital, et son avant-garde, commandée par *Caza Bianca*, fut visiter l'intérieur des montagnes. Il poussa ses détachemens dans la Tarantaise jusqu'à Moutiers. L'ennemi venoit d'évacuer cette ville et s'étoit porté à deux lieues et demie dans la vallée, qu'il fut également obligé d'abandonner. L'évacuation des duchés de Savoie, de Genevois, de Faucigni et du Chablais, s'opéra avec la même facilité, et dans l'espace de quinze jours il ne resta pas un seul Piémontais dans toute la Savoie. On ne trouvoit plus dans ce pays d'autres traces de l'existence des troupes sardes, que les redoutes qu'elles avoient abandonnées, des vivres qui leur étoient destinées et qui servirent à nourrir notre armée pendant trois mois, des munitions de guerre en abondance, des effets de campement, et onze pièces de canon qu'elles avoient abandonnées dans leur fuite précipitée.

65. Dans le même temps le général *Anselme*, commandant de l'armée du Var, de concert avec le contre-amiral *Truguet*, entamoit le territoire du roi de Sardaigne sur un autre point. Dès le 28 de septembre il s'étoit occupé des dispositions nécessaires pour assurer le passage du Var; il avoit en outre chargé le contre-amiral de venir le joindre et d'établir sa croisière devant Nice, afin de tenir en respect tout ce qui se présenteroit pour l'inquiéter du côté de la mer.

Truguet ne tarda pas à remplir ses vues; il intercepta si complettement le passage, qu'aucun vaisseau ne pouvoit pénétrer dans les deux anses de Nice ni dans la baie de Ville-franche. *Anselme* reçut différens avis qui lui apprirent que les troupes du roi de Sardaigne disposoient leur retraite sur Sospello, route de Coni. Il donna sur-le-champ ordre à tous les grenadiers de l'armée de passer le Var, et il les fit soutenir par deux brigades; il se mit lui même à la tête

de cette colonne, avec laquelle il passa la rivière
et se porta avec rapidité sur Nice, où il entra
sans résistance. Après s'être établi militaire-
ment dans la ville, il envoya un corps de troupes
devant la forteresse de Montalban, dont il fit
sommer le gouverneur, en le ménaçant d'escalader sa place. Cette menace produisit un
prompt effet. Le gouverneur se rendit presqu'aussitôt prisonnier de guerre avec sa garnison, composée de troupes suisses qui étoient
soutenues par une artillerie en très-bon état.
Nos grenadiers relevèrent cette garnison et
prirent possession du poste, qui étoit d'autant
plus important, qu'il faisoit la sûreté de nos
troupes, qu'il les mettoit en état de se mainte-
nir dans la ville en cas d'attaque par des forces
supérieures, et qu'il donnoit de très-grands
avantages pour l'attaque du château de Ville-
franche, dans lequel il y avoit cent bouches à feu.

On trouva, depuis le Var jusqu'à Nice, une
assez grande quantité de canons, dont plusieurs
avoient été encloués si fort à la hâte, qu'il
fut facile de les remettre en état de servir,
car l'ennemi n'avoit pas eu le temps de briser
les armemens et d'emporter les munitions de
cette artillerie. Il avoit pareillement abandonné
dans Nice une assez grande quantité de fusils
et de munitions de guerre et de bouche de
toutes espèces. Les troupes qui formoient cette

avant-garde méritèrent les plus grands éloges ; leur bonne volonté suppléa au nombre, que le général n'avoit pas pu renforcer parce qu'il vouloit accélérer sa prise de possession de Nice.

Les ennemis étoient au nombre de huit mille hommes de troupes réglées, dont quatre régimens suisses et un autre corps de deux mille hommes de milices du pays, tous bien armés. Nos troupes les poursuivirent sans pouvoir les atteindre, tant ils mettoient de célérité à gravir les montagnes.

Le 30 du même mois on fit de nouvelles dispositions pour enlever la ville et le château de Ville-franche ; mais le général s'appercevant que la garnison commençoit à gagner les hauteurs, somma le gouverneur de la même manière qu'il l'avoit fait précédemment pour le fort de Montalban, et lui trouva des dispositions tout aussi dociles. Il y avoit dans cette place deux cents hommes de garnison, cent pièces d'artillerie, une corvette, une frégate, et tous les magasins de la marine, indépendamment des provisions de guerre et de bouche, qui étoient en assez grande quantité pour que l'on pût faire une défense honorable.

Du côté de la mer il y avoit tout lieu de craindre que la flotte du contre - amiral ne fût écrasée par les batteries ennemies ; que

les forteresses de Montalban et de Ville-franche
n'incendiassent les vaisseaux avec des bombes
et des boulets rouges, et que leurs batteries
masquées ne fissent un effet d'autant plus
meurtrier qu'il auroit été plus difficile de prévoir leur direction et de s'en garantir.

Tous ces obstacles ne ralentirent pas l'ardeur
du soldat, mais il n'eut besoin que de se montrer.
La flotte n'éprouva aucune résistance, et ses
succès, quoique faciles d'après les circonstances et par l'événement, n'en furent pas moins
éclatans.

Il seroit assez difficile de pénétrer les motifs
qui ont pu déterminer les troupes du roi de
Sardaigne à abandonner, tant dans la Savoie
que du côté de Nice, d'aussi grands moyens
de défense, et des postes aussi importans
que ceux qui leur étoient confiés ; mais une
terreur panique qui s'étoit emparée d'elles,
et la sagesse des combinaisons faites par les
généraux *Montesquiou* et *Anselme*, et par
le contre-amiral *Truguet*, facilitèrent la conquête de cette partie des états du roi de Sardaigne, sans qu'il en coutât aux troupes de
la République d'autres peines qu'une marche
forcée et la fatigue ordinaire du métier.

66. Les succès de cette campagne, qui ont
contrarié les projets formés dans la convention
de Pilnitz, sauvèrent la France d'un des plus

grands dangers dont l'histoire nous ait conservé le souvenir. La coalition qui en étoit
résultée avoit eu pour prétexte le désir d'arrêter
le cours du nouvel ordre de choses qui venoit
de s'établir en France ; mais en paroissant
s'occuper de l'intérêt des émigrés, et si l'on
veut, de celui de *Louis XVI*, qui les touchoit
moins que la crainte d'une réforme épidémique,
chacune des puissances coalisées vendoit bien
cher les secours qu'elle daignoit leur accorder,
et le traité de Pavie avoit réglé par avance
leurs prétentions respectives.

En exécution de ce traité, l'empereur repre-
noit tout ce que *Louis XIV* avoit conquis sur
les Pays-Bas autrichiens ; il joignoit ces provinces au surplus des Pays-Bas, et les donnoit en échange de la Bavière à l'électeur
palatin, pour former de ces nouvelles possessions, réunies au Palatinat, un état ar-
rondi, sous le nom de royaume d'Austrasie.
La princesse *Christine* et l'archiduc *Charles*
devoient être mis en possession héréditaire du
duché de Lorraine. L'Alsace devoit être res-
tituée à l'Empire. L'évêché de Strasbourg, le
chapitre de la même ville, et les souverains
ecclésiastiques d'Allemagne recouvroient tous
leurs priviléges. Pour tenter les Suisses, et les
faire accéder à la coalition, on devoit leur
proposer d'annexer à la ligue helvétique l'évê-

ché de Porentrui, les gorges de la Franche-
Comté et celles du Tirol, avec les baillages
qui les avoisinent, ainsi que le territoire de
Versoie, qui coupe le pays de Vaud. La portion du roi de Sardaigne étoit également ré-
glée. On rendoit à la Savoie, la Bresse, le Bugei
et le pays de Gex, que l'on considéroit comme
une usurpation faite par la France sur cette
monarchie ; et dans le cas où le roi de Sardaigne auroit pu opérer une diversion assez
forte pour s'emparer du Dauphiné, on lui en
assuroit la propriété comme au plus proche
descendant des anciens Dauphins. Le roi d'Espagne devoit avoir le Roussillon, le Béarn et
l'Isle de Corse, et s'emparer de la partie française de Saint-Domingue.

Les prétentions des autres puissances coalisées étoient pareillement réglées par ce traité.
Elles obtenoient de nouvelles concessions déterminées par la convenance et les localités.
Celles de l'Angleterre, qui n'y accéda qu'un
an après, ne furent pas déterminées dans le
même temps ; mais la cupidité du cabinet de
Saint-James et son aversion pour la France,
sont trop généralement connues pour qu'on
puisse s'aveugler sur la portion qu'il auroit
exigé dans notre dépouille. En calculant les
effets qui devoient résulter de l'exécution de
ce traité, conclu en juillet 1791, il est aisé

de se convaincre que sans la force de nos armes, le territoire français dépécé sur tous les points de sa frontière dans les parties continentales, n'auroit plus offert à la république, comme à la monarchie, (car on ne pouvoit prévoir à cette époque le changement survenu depuis dans la forme du gouvernement) que les débris échappés à la voracité des puissances environnantes, qui non contentes de nous circonscrire dans les bornes les plus resserrées, se ménageoient en outre la facilité de nous entamer à la première occasion qui leur en auroit fourni le prétexte, en faisant entrer toutes nos places fortes, tous nos moyens de défense dans leurs plans de conquête.

Quand on n'envisageroit la situation militaire de la France, à l'époque où la guerre a été déclarée, que sous ce simple rapport, il n'en résulteroit pas moins qu'il étoit impossible de l'éviter ; que tous les Français en état de porter les armes devoient alors sacrifier leurs affections les plus chères pour aller à la rencontre de l'ennemi, et qu'il n'est pas un seul de nos camarades qui n'ait le droit de se féliciter d'avoir été assez heureux pour coopérer à faire échouer ces projets, dont l'exécution destructrice auroit inondé la France entière de tous les fléaux que les monarques conquérans traînent après eux.

Au surplus, quelle que puisse être la pré-
vention des partis et son influence sur l'opinion
de nos contemporains, nous serons tôt ou tard
vengés par la Postérité; elle saura apprécier ce
qui a été fait dans cette campagne et dans celle
dont je vais donner le détail; les passions
seront alors refroidies, les circonstances ne
donneront plus la même force aux calculs de
l'intérêt et aux sophismes du préjugé : la vérité
seule restera, et l'impartialité de l'histoire, en
dirigeant l'opinion de nos descendans sur
l'homme qui a défendu sa patrie et sur celui qui
a voulu l'asservir, doit également la fixer sur
les causes et les différentes chances de cette
guerre, dont le résultat concerté entre les puissances coalisées, mettoit la France au niveau
des états les plus médiocres de l'Europe, et la
ravaloit peut-être au dessous de la Pologne en
lui laissant, à titre de grace, un fantôme de
roi et le squelette d'une monarchie.

ANNÉE 1792.

ANNÉE 1792.

CAMPAGNE D'HIVER.

CHAPITRE II.

SOMMAIRE.

OBJET *principal de cette campagne ; premières disposi-tions; direction de l'attaque sur la Belgique*, art. 1.er. *Dissensions entre* Custines *et* Kellermann; *ce dernier part pour aller prendre le commandement de l'armée des Alpes, il est remplacé par* Beurnonville, 2. — *Attaque de Lannoy par le général* la Bourdonnaie, 3. —*Affaires de Thulin et de Bossu*, 4. —*Établissement de la ligne de l'ennemi*, 5. — *Mouvement de la nôtre*, 6. — *Les Impériaux se portent sur Raucourt et sur Buri. Escarmouches entre Perwels et Blaton*, 7. —*D'*Harville, *qui avoit été détaché du côté de Charleroi, reçoit ordre de se rapprocher du centre et de prendre position à la tête du bois de Sars*, 8. —*Détails plus circons-tanciés sur les affaires de Thulin et de Bossu ; les nôtres sont repoussés et courent les plus grands risques, mais le deuxième des hussards les dégage*, 9. —*Du-*mouriez *arrête le mouvement rétrograde que cet échec avoit occasionné*, 10. — *Nouvelle attaque plus heureuse sur Bossu que l'ennemi défend mollement ; il fait la faute d'abandonner le bois de Sars*, 11. —*Prise des hauteurs de Frameries. Première attaque de Careignon, que la chûte du jour empêche de suivre*, 12. — *Plan de conduite tracé à d'*Harville *pour seconder l'attaque*

Année 1792.   I

L'ennemi se rallie à Hall ; il veut résister à Dumouriez, *qui marche sur Bruxelles,* 28. —*Combat d'Anderlecht ;* Dumouriez *en chasse l'ennemi, s'empare de ce poste, entre dans Bruxelles, et dans la même journée il fait marcher l'avant-garde sur Vilvorden,* 29.—*Marche combinée de* la Bourdonnaie *sur Malines, et de* Berneron, *pour remplir l'intervalle entre cette ville et Bruxelles,* 30. —*Situation de l'armée des Ardennes, commandée par le général* Valence, *cantonnée entre Givet et Dinant, et destinée à faire le siège de Namur,* 31. __ *En attendant le moment de l'exécution,* Dumouriez *lui fait passer l'ordre de se porter sur Nivelle, pour inquiéter le duc de* Saxe *sur la Dyle ; mais il lui prescrit ensuite de retourner sur Namur,* 32.— *Établissement de* Moreton *pour commander à Bruxelles, avec une garnison proportionnée à l'importance de la place. Prise de Malines par* Stengel ; *suspension d'armes proposée par l'ennemi et refusée par* Dumouriez. *Les magistrats d'Anvers apportent les clefs de la ville à* la Bourdonnaie ; *mais le commandant de la citadelle prend le parti de se défendre,* 33. — Dumouriez *part de Bruxelles et va camper sur le Cortemberg ; il marche ensuite sur Louvain. D'Harville suit le mouvement, qui se termine par un combat avec l'ennemi posté sur les hauteurs de Cumptich, en avant de Tirlemont,* 34. __ D'Harville *reçoit ordre de se porter sur Namur, pour couvrir le siège de la citadelle que* Valence *est chargé d'ouvrir,* 35. — *Après l'affaire de Cumptich, l'ennemi fait sa retraite.* Dumouriez *le suit ; il atteint son arrière-garde dans la position de Raucoux et Varoux. Combat entre ce corps et notre avant-garde ; l'ennemi, qui est battu, se sauve en traversant Liege, et se retire à Herve,* 36. — *Dispositions faites pour l'inquiéter dans cette*

I 2

---

1. Les dernières opérations de la campagne qui venoit de se terminer, avoient été dirigées de manière à seconder les projets de celle que l'on alloit commencer. L'expédition de *Custines* sur Mayence établissoit la droite de notre ligne sur le Rhin, tandis que la gauche se fortifioit par l'arrivée successive des troupes qui avoient été envoyées pour secourir Lille, et par toutes celles que l'on avoit pu détacher du centre, à mesure que les Prussiens opéroient leur retraite. Ils étoient trop occupés du soin d'éviter notre poursuite pour songer à faire résistance. Mais les différens corps autrichiens qui avoient fait partie des armées de la coalition occupoient encore des positions respectables dans la Flandre autrichienne et dans les environs de Thionville ; il étoit pressant de les écarter du territoire français, de les mettre hors d'état de nous causer de nouvelles inquiétudes, et de prendre notre revanche en leur portant un coup assez violent pour leur faire désirer la paix.

Le gouvernement avoit fortement à cœur ces trois objets. Pour les remplir *Dumouriez* se rendit à Lille le 30 d'octobre. Dès l'instant de son arrivée il donna l'ordre de lever le camp de la Madeláine et de le porter à Bouvines. Le général *la Bourdonnaie*, qui le commandoit, établit son quartier-général dans l'abbaye de Cisoing. Le même jour *Dumouriez* se rendit à Onaing, village situé à une lieue en avant de Valenciennes. Déjà son armée étoit campée à Caroublé, route de Mons, et il avoit eu soin de la munir d'un parc très-nombreux d'artillerie. L'attaque principale se dirigeoit sur Tournai, Mons et Namur. L'exécution étoit confiée aux armées de *Dumouriez*, *la Bour-donnaie* et *Valence*. Ce dernier étoit attendu à Givet pour le 5 du même mois. L'ensemble de toutes les forces destinées à ces expéditions s'élevoit à quatre-vingt-cinq mille hommes d'infanterie, douze mille de cavalerie et dix mille cinq-cent d'artillerie.

2. Des dissensions survenues entre *Custines* et *Kellermann* décidèrent le gouvernement à envoyer ce dernier prendre le commandement de l'armée des Alpes, que *Montesquiou* venoit d'abandonner. Il fut remplacé depuis par *Beurnonville* : mais cette partie de la ligne, ainsi que celle qui étoit sous les ordres de *Custines* avoit une mission particulière ; elle devoit,

I 4

en suivant le niveau de sa gauche , concourir à pousser en avant les Prussiens , les balayer du Luxembourg , de l'électorat de Trèves et du palatinat du Rhin , et se diriger sur la gauche de ce fleuve , pour les contraindre à le repasser. D'après ces dispositions , la ligne, qui s'établissoit depuis Mayence jusqu'à Dunker- que , commença son mouvement.

3. Le général *la Bourdonnaie* fit une attaque sur Lannoy, le 2 novembre. Il parvint à y con- duire du canon malgré les coupures que l'ennemi avoit faites sur tous les chemins , et les abattis qui en obstacloient les abords. Il les chassa de ce poste et les contraignit à se replier sur Tournai. De trois colonnes qu'il employa dans cette attaque, une seule parvint jusqu'à la ville; les deux autres , et sur tout la cavalerie, furent arrêtées dans leur marche par la difficulté des chemins que les pluies avoient rendus impra- ticables.

Il y avoit eu la veille un combat du côté de Condé. Trois colonnes de l'ennemi , qui s'étoient avancées pour faire une incursion sur cette place, furent repoussées avec une perte de cent hommes tant tués que blessés ; on fit en outre vingt - sept prisonniers d'infanterie et trente-quatre hussards avec leurs chevaux.

4. Mais il s'engagea deux affaires plus sé- rieuses, l'une à Thulin , l'autre à Bossu ; elles

furent le prélude de celle que l'on eut quelques jours après à Jemmappes.

5. L'armée autrichienne, commandée par ce duc de *Saxe-Teschen*, que le bombardement de Lille avoit rendu si fameux, et dont la conduite à été néammoins plus militaire dans cette campagne, occupoit une position très-avantageuse dans les différens villages au-delà du ruisseau de Quiévrain; sa gauche étoit appuyée au bois de Sars et sa droite à la rivière de l'Aisne et aux marais en avant de Saint-Ghislain. Cette aile se prolongeoit en outre par un petit corps de troupes posté dans les bois de l'Hermitage, qui masquant Condé, communiquoit avec quatre à cinq mille hommes campés à Buri. La communication étoit prolongée entre ce camp et celui du mont de la Trinité, fort de sept à huit mille hommes commandés par le général *Latour*, qui occupoit aussi la ville de Tournai. D'autres petits corps détachés à Lannoy, Roubaix et Turcoing, inquiétoient Lille, et l'extrémité de la ligne se terminoit par un autre petit corps posté à Varneton, au confluent de la Lis avec la Marque.

6. Pour contrarier ce plan de défense, qui n'avoit d'autre défaut que celui d'embrasser un terrain trop étendu, et qui par cela même présentoit une infinité de côtés foibles, *Dumouriez* avoit fait passer, dès le 28 d'octobre,

un corps de huit mille hommes aux ordres du
général *Berneron*, au travers de Condé, et
lui avoit donné ordre de chasser tout ce qu'il
trouveroit dans le bois de Bernissart et de s'y
établir. Cette division menaçoit Ath et Leuze,
qui ont chacune un bon chemin menant à Blaton ; et au moyen de ce qu'elle se trouvoit détachée de l'armée, *Dumouriez* prit des mesures
pour entretenir les communications ; il chargea
Beurnonville, qui commandoit l'avant-garde,
de s'établir à Quiévrain et d'occuper Montreuil
et Pommereuil.

7. Ce mouvement avoit décidé les Impériaux
à se porter sur Raucourt et sur Buri, pour inquiéter la division de *Berneron*, ce qui donna
lieu à de fortes escarmouches entre Perwel et
Blaton ; mais en même temps il opéroit une diversion en attirant de ce côté la principale attention du général chargé de la défense de
Tournai, et l'obligeoit à se retirer, par la
crainte de se mettre entre deux feux.

D'ailleurs le général *la Bourdonnaye*, qui
occupoit les hauteurs de Sanghiem, et qui avoit
devant lui le pont à Bouvines, étoit chargé de
détacher le général *Duval*, avec un tiers de
son armée, sur Pont-à-Tressin, et d'aller attaquer lui-même Hertain, Lamain et Marquain,
pour forcer l'ennemi à retirer les postes de Lannoy, Roubaix et Turcoing, qui dévastoient les

environs de Lille, et à évacuer Tournai, par suite du mouvement qui se préparoit dans toute l'armée.

8. D'*Harville*, qui étoit parti de Maubeuge et s'étoit porté sur Charleroi avec douze mille hommes, pour seconder l'expédition de *Valence* sur Namur, et pour empêcher, de concert avec lui, que *Clairfait* n'opérât sa jonction avec le duc de *Saxe-Teschen*, se trouvoit aussi trop écarté par sa marche sur Binch. Leurs forces combinées s'élevoient à vingt-cinq mille hommes, tandis qu'en détachant les huit mille hommes de la division de *Berneron*, *Dumouriez*, qui étoit obligé d'attaquer et d'enlever des retranchemens défendus avec toutes les ressources de l'art, se trouvoit réduit à trente deux mille hommes. Afin de rétablir une sorte de proportion, au moins du côté du nombre, on lui fit passer l'ordre d'arriver le 1.er novembre à la tête du bois de Sar, et de camper à Hon.

9. Le 3 du même mois l'infanterie belge, qui étoit aux avant-postes de *Beurnonville*, sans canons et soutenue seulement par le deuxième régiment des hussards, se trouvant trop resserrée à Montreuil, attaqua les avant-postes autrichiens qui étoient dans le village de Thulin, et les en chassa facilement; mais elle eut l'imprudence de s'engager dans la plaine vers le moulin de Bossu. Les hussards impériaux

fondirent sur elle, l'enveloppèrent et en sa-
brèrent ou prirent quatre compagnies. Les
nôtres marchèrent au secours des Belges avec
une intrépidité qui a signalé pendant toute la
guerre ce régiment, ci-devant *Chamboran*; ils
les dégagèrent et souffrirent beaucoup, parce
que les Impériaux étoient infiniment supérieurs.
Beurnonville, fâché de ce petit échec, que son
infanterie belge s'étoit attiré pour avoir combattu sans son ordre, en rendit compte, après
avoir évacué ses avant-postes et Thulin, où les
Impériaux le remplacèrent, ne conservant que
Quiévrain et sa position près l'abbaye de Crespin, dans laquelle ses quatre brigades d'infanterie et son artillerie étoient encore campées,
ayant l'Hosneau devant elles.

10. Ce mouvement rétrograde parut dangereux à *Dumouriez*, qui l'apprit dans la
soirée du même jour en revenant de sa droite,
au quartier-général d'Onaing. Il pressentit qu'il
pourroit encourager l'ennemi et faire une impression dangereuse sur ses propres troupes;
en conséquence, il fit passer sur-le-champ à
Beurnonville, l'ordre de faire marcher toute
son avant-garde en passant les ponts de Crespin
et de Quiévrain pour attaquer le lendemain 4,
les villages de Montreuil et de Thulin. Il renforça cette avant-garde de trois brigades, formant neuf bataillons commandés par l'aîné

des fils *Égalité* ; il ordonna que l'armée se tînt prête à marcher, et il se porta lui même à son avant-garde.

11. Les Impériaux ne défendirent point les villages et se retirèrent au moulin de Bossu où ils avoient quelques pièces de canon. La mollesse de cette retraite indiquoit que ce point n'étoit défendu que par des troupes légères, et que l'armée impériale ne soutenoit en forces ni le bois de Sars ni l'excellente position du moulin de Bossu. Cette observation décida *Dumouriez* à jetter trois bataillons d'infanterie légère dans le bois, et à envoyer *Frécheville*, qui commandoit le deuxième des hussards, pour pénétrer avec sa troupe par le centre de ce bois, tandis que d'*Harville* marcheroit en longeant la droite et se tenant toujours à sa hauteur, ce qu'il reconnoîtroit au bruit de la mousquetterie. Il fit en outre avancer six pièces de douze pour battre le moulin, et il marcha sur trois colonnes pour s'en emparer. Cette charge fut si brusque, que l'ennemi se dépêcha de retirer son canon. Le corps franc d'*Odonell*, qui voulut se jetter dans le bois, perdit quatre à cinq cents hommes, qui furent tués par nos chasseurs.

La troupe ne s'arrêta pas au moulin de Bossu, parce qu'il lui étoit très-important de gagner la plaine en avant de la tête du bois, afin que l'ennemi ne pût pas y rejetter du monde pour recommencer l'attaque , couper sa communication avec d'*Harville* et reprendre sur elle l'avantage de la hauteur. En s'appuyant d'ailleurs de ce même bois , elle pouvoit tirer des secours de la division d'*Harville* et lui en fournir réciproquement contre une autre attaque de l'ennemi. Finalement , sa position en avant du bois lui faisoit partager avec l'ennemi l'avantage de la hauteur et la mettoit à portée de le forcer à la retraite par un développement dans la plaine du Pâturage.

Dumouriez la fit avancer au-delà du bois , ou il étendit son infanterie depuis le moulin de Bossu jusqu'à Frameries. Le corps du général d'*Harville* resta en colonne à Genli , Engi et Noirchain.

Le reste de l'armée et le parc d'artillerie reçurent ordre de venir prendre position en seconde ligne depuis Eslonges jusqu'à Hesnin , et d'y bivouacquer.

12. Les hauteurs de Frameries présentoient divers postes avantageux et décisif pour l'affaire générale qui étoit sur le point de s'engager. *Dumouriez* résolut de s'en emparer; il dirigea dessus trois attaques qui réussirent malgré la défense opiniâtre de l'ennemi. Le 5 il fit attaquer Careignon par les Belges , soutenus de trois bataillons francs qui formoient

le corps des flanqueurs de gauche , et donna
ordre à l'avant-garde de *Beurnonville* de marcher en avant de Frameries ; faisant face au
grand chemin qui passe à Cuesmes. L'armée
fut rangée en colonne , mais de manière à faire
front par un à gauche en bataille au village
de Jemmappes. Cette position l'adossoit au
bois. Douze bataillons furent placés à sa gauche
pour soutenir l'attaque de Carcignon , et pour
prendre le village de Jemmappes à revers en
le tournant par son flanc droit. La cavalerie
fut divisée en trois corps pour soutenir dans la
plaine les trois parties de l'infanterie qui devoient attaquer le village. L'artillerie fila sur tout
le front et se plaça à de justes portées pour croi-
ser ses feux sur les batteries fixes de l'ennemi.

Le général d'*Harville* reçut ordre d'aller se
poster sur les hauteurs de Sippli , d'où il devoit
déborder la hauteur de Berthaumont et menacer le mont Pallizel.

Pendant que cette expédition s'exécutoit ,
on continua l'attaque de Carcignon , afin d'a-
muser et de retenir l'ennemi , qui auroit pu
profiter de la nuit pour abandonner les retranchemens de Jemmappes , traverser la ville et
se porter sur les hauteurs de Berthaumont ,
Pallizel et Nimi. L'obscurité qui survint fit
cesser le feu ; il recommença le lendemain 6
à la pointe du jour.

13. *Dumouriez* envoya ordre au général
d'*Harville* d'observer ce qui se passeroit sur
sa gauche à l'avant garde de *Beurnonville*, de
s'avancer toujours à sa hauteur en débordant
l'aile gauche des Impériaux qui étoit postée
sur Berthaumont ; d'ouvrir le feu de son artillerie contre elle, et de profiter du moment de
sa retraite pour se porter avec promptitude sur
le mont Pallizel d'où il gagneroit la hauteur de
Nimi, tournant ainsi Mons et coupant aux
ennemis la retraite du grand chemin de Bruxelles.

14. L'armée autrichienne, forte de vingt-
huit mille hommes, occupoit une position formidable ; elle étoit retranchée sur des hauteurs défendues par trois rangs de redoutes
hérissées de batteries avec cent bouches à feu,
dont vingt pièces de seize. Sa gauche, prolongée jusqu'à Nimi par le mont Pallizel, s'étendoit
depuis Berthaumont sur une hauteur qui couvroit Cuesmes et qui étoit garnie de cinq fortes
redoutes. Cette hauteur tenoit aux maisons
détachées de Jemmappes. Plusieurs autres redoutes s'étendoient tout le long du front et
jusqu'à la droite du village de Careignon.
Les vingt pièces de seize, beaucoup d'obusiers,
indépendamment des canons de bataillon,
étoient distribués dans les redoutes et présentoient trois étages de feux. Des arbres et des
chemins

chemins creux , bordés de maisons , formoient
en outre une autre espèce de retranchement ,
et contribuoient à la défense de cette position.

Le centre, posté sur le terrain qui s'élève
en amphithéâtre derrière Jemmappes, étoit couvert par le village , que l'on ne pouvoit aborder que par une ouverture sur laquelle les
Impériaux avoient placé quelques escadrons
qui pouvoient , en cas de désordre dans notre
attaque , tomber sur notre infanterie.

La droite , qui avoit également l'avantage
des hauteurs , se trouvoit couverte par le village de Careignon qu'elle occupoit.

Beurnonville commença l'attaque en se dirigeant sur Cuesmes. Il avoit distribué sur son
front dix pièces de seize , et seize de douze que
le colonel *la Bayette* plaça de manière à ce
que chaque redoute fût battue en flanc par
deux batteries de deux pièces , et le feu commença très-vivement sur tout le front à huit
heures du matin. Jusqu'à dix ce ne fut qu'un
jeu d'artillerie de part et d'autre , et cette attaque éprouva de la lenteur parce qu'elle étoit
retenue par le feu des cinq redoutes que *Beur-*
nonville ne pouvoit pas éteindre avec celui de
son artillerie , quoique *Dumouriez* l'eût renforcée de quatre pièces.

15. Il eût été difficile d'espérer aucun succès sans avoir le village de Careignon. Cette

Année 1792. K

attaque étoit dirigée par les généraux *Ferrand*, *Blottesfière* et *Rozières*, tous les trois du même grade, et commandée par *Ferrand*, qui étoit l'ancien. Leurs troupes, qui formoient la gauche de l'armée, étoient placées en équerre et faisoient l'attaque du village par l'extrémité droite de son front et par son flanc droit; mais cette attaque ne fut pas suivie avec toute la vivacité que le besoin exigeoit; quoique *Rozières* eût déjà pénétré dans le village avec deux pièces de douze et quatre bataillons, pour soutenir et pousser en avant l'infanterie belge et française, et qu'il eût emporté la partie qui étoit dans sa direction.

Ferrand, qui étoit chargé d'attaquer l'angle et l'extrémité du front du village par la droite, avoit éprouvé des obstacles; il eut dans cette affaire deux chevaux tués sous lui, mais il n'avoit pu gagner le niveau de *Rozières*, qui ne se trouvant pas suffisamment soutenu, n'osa pas déboucher.

Dumouriez, que ces retards contrarioient, envoya *Thouvenot* sur Careignon, où il rétablit l'ensemble de l'attaque et lui redonna tant de vivacité que le village fut emporté.

L'armée pétilloit d'ardeur. Tout le monde demandoit à charger à la bayonnette pour forcer le centre; a midi l'ordre en fut donné. Les trois colonnes d'attaque se formèrent

avec la rapidité de l'éclair ; on battit le pas
de charge, aucune tête de colonne ne resta
en arrière.

16. On avoit masqué la trouée qui conduisoit au village de Jemmappes par sept escadrons de cavalerie légère. Cette mesure couvroit la marche dans la plaine qu'il falloit
traverser et qui fut assez rapidement franchie
pour que l'on ne perdît que très-peu de monde ;
mais une des brigades qui marchoient sur la
trouée, voyant déboucher de la cavalerie ennemie, se jetta à droite derrière une maison et
laissa un intervalle suffisant pour lui ouvrir le
passage. Cette faute fut promptement réparée
par le jeune *Baptiste Renard*, qui, par attachement pour *Dumouriez* et par un zèle héroïque, prit sur lui de se porter au galop jusqu'à cette brigade et l'encouragea à reprendre
son poste. Les sept escadrons que le mouvement timide de l'infanterie avoit arrêtés, con-
tinuèrent leur marche et l'ordre du combat se
rétablit.

Dans le même temps la brigade qui se trouvoit sur la gauche de celle dont je viens de
parler fit halte, et quoiqu'elle ne fût pas précisément en fuite, la confusion qui y régnoit
lui fit perdre beaucoup de monde par l'effet
d'une batterie qui tiroit sur elle à mitraille et
à demi portée de fusil. Un des fils *Égalité* la

rallia , avec cette gaieté grivoise qui fait tant
d'impression sur l'esprit du soldat français,
se mit à la tête, rétablit le combat, pénétra
dans Jemmappes et força les trois étages de
redoutes et de retranchemens. Des escadrons
s'y portèrent avec autant d'intrépidité que
l'infanterie.

Thouvenot , qui revenoit de l'attaque de
Careignon , mit les Impériaux entre deux
feux. Plus de quatre cents se noyèrent dans
l'Haisne , et pendant qu'il achevoit de décon-
certer l'ennemi sur ce point, nos troupes s'emparèrent des redoutes et remplirent les postes.
Les Impériaux frappés de terreur , prirent la
fuite, gagnèrent Mons et n'osèrent s'y arrêter.

17. Cependant l'affaire n'étoit pas encore
complettement décidée sur notre droite ; l'attaque de *Beurnonville* avoit éprouvé les plus
grandes difficultés. *Dumouriez* s'y porta ; il
trouva sur la hauteur de Cuesmes deux brigades d'infanterie , dont une des trois bataillons de Paris qui avoient fait partie du camp
de Maulde et qui ont, dans tous les temps ,
été comptés parmi les meilleures troupes de
l'armée. Elles débordoient la gauche des cinq
redoutes qui étoient garnies de grenadiers
hongrois. Elles avoient devant elles une nombreuse cavalerie impériale qui paroissoit prête
à les attaquer, et à cinq cents pas en avant

une colonne d'infanterie qui attendoit le mouvement de la cavalerie pour achever de la détruire. A cent pas derrière ces deux brigades
étoient dix escadrons de cavalerie légère exposés au canon des redoutes, qui les prenoient
en écharpe, et à celui du général d'*Harville*,
qui, les croyant des troupes ennemies, les
écrasoit par derrière. Ces troupes n'avoient
aucun général à leur tête. *Beurnonville* venoit
par derrière, suivi de deux autres brigades
et du reste de sa cavalerie.

Dumouriez passa devant le front des deux
brigades, les encouragea, et reconnut au premier coup d'œil toute leur bonne volonté par
la contenance héroïque qu'elles présentoient.
Il passa de suite à la tête de la cavalerie, qui
déjà se mêloit et se disposoit à fuir. Il envoya
un aide-de-camp à *Beurnonville* pour lui re-
commander de hâter le pas. Dans le même moment les dragons impériaux s'avancent au pas
de charge pour enfoncer les deux brigades,
qui, par une décharge à bout portant, se font
un rempart de plus de cent chevaux ou cava-
liers devant elles. Un escadron de l'ennemi arrive par le grand chemin et veut profiter du
désordre de notre cavalerie. Alors le général,
qui venoit de la rallier, détache le premier régiment des hussards, qui enfonce les dragons de
l'ennemi. Le reste de notre cavalerie s'avance

K 3

pour charger, et ce mouvement fit une telle impression sur celle de l'ennemi, qu'à l'instant elle fait volte-face, fuit jusqu'à Mons et entraîne la colonne d'infanterie, qui fait également sa retraite. *Beurnonville* arrive dans ces entrefaites ; il occupe le terrain du combat, fait faire un à gauche aux deux braves brigades qui venoient de décider l'affaire, aux chasseurs à cheval commandés par *Frécheville* et par *Fournier*, et aux premier et deuxième des hussards commandés par le jeune *Frécheville* et par *Nordmann*, entonne l'hymne des Marseillois, se met à la tête de la colonne, et tous ensemble vont gaiement et avec un courage que l'on ne peut exprimer par des mots, attaquer les redoutes, dans lesquelles il se fit un grand massacre de grenadiers hongrois.

Cette dernière action termina la journée, dont le succès étoit confirmé par le rapport que le jeune *Égalité* vint faire au général, en lui annonçant que son frère étoit maître du village de Jemmappes, et par l'arrivée de *Thouvenot*, qui l'assura qu'il avoit traversé le village et longé le derrière des redoutes, et que tout étoit en fuite.

Elle auroit été bien plus complette si d'*Harville*, profitant de la défaite de l'ennemi, s'étoit hâté d'occuper le mont Pallizel, et si, tournant la ville de Mons par Nimi, il avoit pu couper aux Impériaux leur retraite par la route de Bruxelles, en les inquiétant sur la droite du grand chemin, tandis que les flanqueurs de gauche, qui furent détachés sur Geslin, les auroient inquiétés de l'autre côté de la ville et de la rivière.

Mais des lenteurs et des obstacles imprévus retardèrent l'effet de cette manœuvre, et la journée se trouvoit trop avancée pour que l'on pût y remédier.

18. Quoique l'armée n'eût pas eu un seul instant de repos depuis trois jours, et que dans cette terrible journée il n'eût pas été possible de pourvoir à sa subsistance, la fatigue et l'épuisement ne rallentirent pas son ardeur ; elle demanda à marcher sur Mons pour l'escalader. Le général promit de l'y conduire le lendemain, et il profita de ce délai pour achever la circonvallation de la ville. Le 7, lorsque ses mesures furent établies, il fit sommer le commandant de se rendre, sous la responsabilité de sa tête en cas d'événement. A deux heures dans la même journée les habitans forcèrent les portes, que les Autrichiens avoient fermées après eux dans leur fuite, et ils apportèrent les clefs à *Dumouriez*.

19. On a beaucoup raisonné sur la perte qui fut faite dans cette affaire ; elle fut trop sérieuse et trop vive pour qu'il n'y ait pas eu

K 4

beaucoup de sang répandu de part et d'autre.
Les rapports officiels portèrent la perte de l'ennemi à quatre mille hommes de tués et quinze
cents prisonniers ; la nôtre , à trois cents morts
et six cents blessés. Malgré tous les sarcasmes
qui ont été lancés dans le temps par la malignité
et par l'esprit de parti , je ne trouve dans cette
perte respective rien qui ne soit dans les pro-
portions ordinaires. Mais quelque soit le fond
de la vérité, on ne peut disconvenir que la
bataille de Jemmappes doit faire époque dans
l'histoire.

Trente mille français forcèrent, à la bayonnette, plus de vingt mille Autrichiens postés
dans les bois, sur les montagnes, garantis par
plus de quarante redoutes , et munis d'une très-
grosse artillerie. Ils donnèrent pendant le combat des preuves de la valeur la plus intrépide ;
après la victoire ils se signalèrent par les traits
de l'humanité la mieux caractérisée.

20. Cette journée fut un nouvel argument
contre les préventions qui avoient déterminé
l'ennemi à prendre les armes contre nous.

Plusieurs braves militaires furent tués ou
blessés dans cette affaire. Le lieutenant de
gendarmerie, *la Bretesche*, y reçut quarante-un
coups de sabre après avoir tué sept hommes
de sa main. Les aides-de-camp portèrent les
ordres sous le feu et au milieu du carnage,

avec une exactitude que rien ne put altérer ; il n'y eut pas un corps de l'armée, pas un seul individu qui n'eût très-bien fait son devoir et qui n'eût approché l'ennemi de très-près. On prit sur le champ de bataille neuf canons, dont deux de gros calibre, plusieurs caissons et quelques munitions.

Beurnonville, qui fut chargé de prendre possession de Mons, trouva dans cette ville cent trente pièces de bronze et cent sept de fer de tout calibre, des obus, des bombes, des boulets, des caisses de mitraille, des fusils, des tentes, des sabres, des pistolets, le tout par milliers. La cavalerie légère se répandit dans la campagne pour donner la chasse aux fuyards, qui, pour la majeure partie, demandèrent du service et furent incorporés dans les corps francs. *Berneron* fut envoyé d'un côté et *Dampierre* de l'autre, afin de couper le passage aux différens corps de troupes impériales qui étoient détachés sur notre gauche, pour défendre Tournai et couvrir quelques autres postes que l'ennemi avoit conservés dans cette partie. Mais *Berneron* ne put arriver à Ath que le 8, et *Dampierre* ayant trouvé des obstacles de son côté, ils ne purent remplir leur mission et n'arrivèrent au terme qui leur étoit indiqué qu'après que le général *Latour* se fut replié sur Bruxelles.

Cependant la course de *Berneron* ne fut pas
inutile, car il s'empara d'Ath, poste très-
important, situé en avant de Tournai et dans
le centre de Mons, Bruxelles et Courtrai. On y
trouva de très-grands magasins et des approvisionnemens de toute espèce.

21. Après la bataille de Jemmappes, l'armée
autrichienne se retira en très-grande déroute
vers Bruxelles, pour opérer, avec celle du général *Clairfait*, sa jonction qui devoit avoir
lieu deux jours avant l'attaque.

Pendant que l'armée de *Dumouriez* gagnoit
cette bataille, celle du général *la Bourdonnaie*
remportoit sur un autre point des avantages
moins éclatans à la vérité, mais ayant aussi leur
genre d'utilité, puisqu'ils garantissoient le
pays des incursions de l'ennemi, en même-
temps qu'ils secondoient le plan général d'invasion sur son territoire.

22. Le poste du Pont-Rouge sur la Lis avoit
été fortifié avec autant de soin que de dépense
par l'ennemi, qui l'occupoit avec de grandes
forces ; il incommodoit singulièrement les environs de Lille, et les gardes nationales sé-
dentaires du pays, réunies à un corps de Belges,
avoient à différentes reprises, mais toujours
sans succès, essayé de l'en chasser. Quatre
colonnes furent chargées de faire une nouvelle
tentative. La première et la seconde, compo-

sées en majeure partie de divisions de gendarmerie à pied, se dirigèrent sur le Pont-Rouge
et sur Warneton; les deux autres sur Commines,
Hallwin et Roncq.

L'attaque du Pont-Rouge se fit sous la protection d'une artillerie formidable. Ce poste
fut emporté de vive force; l'ennemi perdit
beaucoup de monde dans ses retranchemens et
dans sa retraite sur Warneton. Après s'être
emparé du pont, de la rivière et du poste, nos
troupes marchèrent sur Warneton, qui fut
également emporté d'emblée à la suite de quelques coups de canon. Dans cette seconde expédition l'ennemi fut repoussé et mis en déroute avec une perte considérable.

L'attaque sur Commines fut plus meurtrière
pour nous; nous y perdîmes du monde; il y
eut même quelques habitans de tués : mais l'ennemi fut obligé de l'évacuer ainsi qu'Hallwin
et Roncq, qui furent emportés par les deux colonnes de droite. Pendant ces quatre attaques,
la Bourdonnaie faisoit canonner le pont de
Menin et celui de Rœsbrugges, sur la route
de Bergues et d'Ypres, afin de faire diversion
et d'empêcher l'ennemi de réunir ses forces
sur le Pont-Rouge et sur Warneton, qui étoient
les postes dont on avoit le plus d'intérêt de
s'emparer, parce que leur possession rétablis-
soit la communication avec la Lis, interceptée

depuis plus de deux mois, purgeoit la frontière d'une infinité de brigands qui la désoloient, et ouvroit à nos troupes le chemin
de la West-Flandre.

23. Je désirerois que la vérité me permît de
parler des Autrichiens avec cette décence qui
doit régner, malgré la guerre, entre les partis
opposés : mais cette maxime du droit des gens
est fondée sur la loyauté de leur conduite respective, et j'atteste, comme témoin oculaire,
que l'animosité des puissances coalisées et
l'exemple des émigrés, avoient tellement in-
fluencé l'esprit du soldat, que toutes leurs opérations ont été un cours continuel de brigandages.

24. Après avoir évacué Rœsbrugges, l'ennemi
se replia sur Poperingue. Il avoit pratiqué des
coupures et des retranchemens d'où il n'auroit
pas été facile de le déloger, sans les sages dispositions que fit le général *Pascal*, et sans l'intrépidité des volontaires du district de Bergues;
et si, plus particulièrement encore, par une
marche heureuse et très adroitement dirigée,
on n'étoit pas parvenu à le tourner. Wervick,
petite place située sur la rive gauche de la Lis,
à quelques lieues de distance de Menin, fut
surprise le lendemain.

25. La bataille de Jemmappes diminuoit à
la vérité le mérite de tous ces avantages, parce

qu'elle fut suivie d'un succès si décisif, qu'il
entraîna la retraite de toute la ligne que les
Autrichiens avoient prolongée sur leur droite,
et par conséquent l'évacuation de tous les
postes sur lesquels nos troupes avoient dirigé
les différentes attaques que je viens de détailler ; mais à l'époque où elles se faisoient on
ne connoissoit pas encore l'événement dont
les chances auroient pu nous être aussi fu-
nestes qu'elles ont été avantageuses. L'ennemi
pouvoit d'ailleurs rester encore quelque temps
sur ce point, qui lui offroit une infinité de ressources pour la guerre de postes, chicaner
sa retraite au travers de la West-Flandre, retarder la prise des places qui couvrent tout
le pays, et prolonger, par son séjour, le fléau
des dévastations qu'il commettoit journellement.

26. Cette bataille, la retraite de l'armée impériale qu'elle nécessita, et l'expédition du
général *Berneron* sur Ath, eurent une très-
grande influence sur la reddition de Tournai,
qui fut évacué par l'ennemi. Le général *la
Bourdonnaie* entra dans cette ville le 8 novembre au soir, et y établit son quartier-général. Menin et Courtrai ne tardèrent pas à
éprouver le même sort. Du côté de la gauche
on n'éprouva pas plus de difficultés. Le commandant de Dunkerque, d'après les ordres

qui lui furent donnés, se mit en campagne
avec dix-huit cents hommes d'infanterie et
deux cents de cavalerie ; Nieuport, Ostende et
Bruges lui ouvrirent leurs portes , et toute
la West-Flandre fut soumise sans brûler une
amorce.

27. Le général *la Bourdonnaie* partit de
Tournai pour se rendre à Gand ; il entra le
12 dans cette place, qui étoit déjà occupée
par son avant-garde que commandoit le général *Lamarlière*. Il la fit repartir pour Termonde sur l'Escaut, afin d'intercepter quelques convois qui étoient embarqués , et de
pousser devant elle tout ce qui pouvoit contrarier sa marche sur Anvers, qu'il avoit ordre
d'attaquer.

28. Les Autrichiens, qui s'étoient ralliés à
Hall après l'affaire de Jemmappes, essayèrent
de résister à l'armée de *Dumouriez*, qui s'a-
vançoit sur Bruxelles et qui venoit de recevoir
le corps commandé par *Berneron*, que ce premier avoit précédemment détaché pour l'expédition d'Ath.

Notre avant-garde, commandée par *Thou-*
venot, les suivoit de très-près ; *Dumouriez* s'y
rendit le 12 et détacha *Devaux*, son aide-de-
camp, avec deux cents hommes d'infanterie
légère et cinquante chasseurs à cheval, pour
faire une reconnoissance. Ce détachement

s'engagea à Lewe avec l'arrière-garde des Impériaux. *Devaux* en donna avis et demanda du renfort. *Dumouriez* lui conduisit sur-le-champ trois mille hommes avec deux compagnies d'artillerie à cheval. Avant de partir, il écrivit à *Miranda* et à *d'Harville* d'amener le reste de l'armée à Hall, et de lui envoyer l'avant-garde dès l'instant où la troupe seroit arrivée.

29. A l'aide de ce renfort on repoussa facilement les troupes légères impériales : mais dès que notre troupe fut devant Anderlecht, elle se vit en tête toute l'arrière-garde de l'ennemi, forte de sept à huit mille hommes commandés par le prince de *Wirtemberg*, et débordée à sa gauche par une force supérieure à la sienne. Pour se tirer de cet embarras, elle s'étendit sur un grand front et établit une canonnade à la tête du grand chemin. Cette manœuvre en imposa à l'ennemi, qui nous crut plus de forces que nous n'en avions réellement, et donna le temps d'arriver au reste de l'avant-garde que *Miranda* et *d'Harville* étoient chargés d'envoyer. La partie devint alors plus égale ; l'attaque reprit vigueur et le village fut emporté.

Les forces de l'ennemi diminuoient chaque jour ; vaincu, terrassé et en pleine déroute, il tourna la ville et fit comme il put sa retraite,

tandis que les troupes qu'il avoit laissées dans
la ville sortoient à la faveur de la nuit par
les portes de Louvain , de Flandre et du Rivage, et chacun dans ce désordre cherchoit
à gagner Anvers ou Diest et à se répandre
dans la Campine.

Après s'être rendu maître d'Anderlecht, *Dumouriez* fit sommer le commandant et le magistrat de Bruxelles ; on temporisa, dans la
crainte que les deux partis n'en vinssent aux
mains dans la place ; le lendemain les magistrats apportèrent les clefs.

L'armée campa sur les hauteurs d'Anderlecht,
Dumouriez entra dans la ville, et l'avant-garde
marcha dans la même journée sur Wilvorden,
à deux lieues de Bruxelles, route d'Anvers.
Celle de *la Bourdonnaie* avoit déjà dirigé la
sienne sur cette ville afin de s'en emparer. La
combinaison de ces deux marches avoit en
outre pour objet une jonction qui devoit donner la facilité de balayer le reste des Autrichiens de la Belgique.

30. Mais indépendamment des troupes commandées par le général *la Bourdonnaie*, qui
couvroient cette partie de la gauche , *Dumouriez* avoit fait marcher celles qui étoient sous
les ordres de *Berneron*, afin de remplir l'intervalle.

31. L'armée des Ardennes étoit restée sans
général

général en chef dès l'instant où l'expédition
de la Belgique avoit été confiée à *Dumouriez*.
Il avoit été remplacé par *Valence*, qui s'étoit
rendu à Givet dès le 6 de novembre, pour y
prendre le commandement de cette armée,
dont la force s'élevoit à plus de vingt mille
hommes. En attendant qu'elle pût aller en avant,
elle avoit cantonné sur les chemins de Dinant
quelques bataillons et escadrons qui poursui-
voient des corps autrichiens et d'émigrés épars
dans le pays qu'ils ravageoient suivant leur
usage.

Il y avoit peu de malades dans cette armée ;
mais malgré la rigueur de la saison, la troupe
étoit presque nue et sans chaussure. Cet état
de détresse n'avoit altéré ni sa gaieté, ni son
ardeur, ni sa soumission à la discipline militaire, qui étoit aussi exactement établie que
l'on pût le désirer.

32. *Dumouriez* la réservoit pour le siège
de Namur, dont il avoit dès-long-temps
projetté l'exécution ; mais en attendant que
les circonstances permissent de le commencer, il résolut d'employer utilement les troupes qu'il y avoit destinées, et il fit passer
à *Valence* l'ordre de se rendre avec elles à
Nivelle pour appuyer sa droite, dans le cas où,
comme il le présumoit, le duc de *Saxe-Teschen*
l'attendroit derrière le canal de Vilvorden,

et il le chargea de tourner la forêt de Soignies pour aller l'inquiéter sur la Dyle.

Les événemens ayant rendu cette mesure inutile, *Valence* reçut un nouvel ordre qui lui prescrivoit de retourner sur Namur, de bloquer la citadelle, et d'y attendre son artillerie qu'il devoit tirer de Givet.

33. Pendant que *Dumouriez* établissoit le général *Moreton* pour commandant de Bruxelles, qu'il lui donnoit une garnison proportionnée à l'étendue de la place, et qu'il s'occupoit des soins administratifs, le général *Stengel* s'emparoit de Malines, qui renfermoit d'immenses munitions de guerre et de bouche.

Une prise de cette importance augmentoit tellement nos ressources, et faisoit à celles de l'ennemi une brèche si considérable, qu'il proposa une suspension d'armes motivée sur l'épuisement des cultivateurs ; mais comme cet épuisement étoit la base de la détresse qu'il éprouvoit, *Dumouriez* refusa la suspension proposée.

Anvers eut le même sort que Malines. La prise de chacune de ces deux villes fut l'ouvrage d'un coup de main. La seconde n'étoit cependant pas sans moyens pour se défendre, car outre son rempart, elle a devant elle un canal large et profond dont le passage présente des difficultés. *Stengel*, qui prévoyoit

trop de risques à le traverser par sa droite
à la vue de l'ennemi, dont les avant-postes
étoient à Campenhout, plaça quelques troupes
sur ce point, et dès qu'il fut assuré que le
corps commandé par le général *Dampierre*
étoit arrivé, il dirigea son attaque par le pont
de Battel, afin de traverser le canal et d'établir
son artillerie à portée de la place.

D'après ces dispositions, qui coupoient les
secours que l'ennemi auroit pu lui donner,
elle se rendit, parce qu'elle avoit dès-lors
tout à craindre de l'escalade pendant la nuit.

Quant à Anvers, les magistrats apportèrent
les clefs de la ville à la première sommation,
et dès que l'avant-garde du général *la Bourdonnaie*, qui étoit partie de Gand pour se
rendre à Termonde, parut sur ses glacis; mais
le commandant de la citadelle, qui avoit une
garnison de mille hommes, prit le parti de se
défendre, et par sa résistance, qui contrastoit
parfaitement avec la docilité que la ville venoit
de témoigner, il justifia ce que j'ai déjà dit
des avantages que les simples établissemens
militaires ont sur les places fortes qui ren-
ferment une population nombreuse.

Le général *Lamarlière*, qui commandoit
cette avant-garde, entra dans la ville le 18
de novembre. Le général *la Bourdonnaie* y
fit pareillement son entrée le lendemain.

L 2

Tous ces progrès de la gauche nécessitoient un mouvement sur la droite, afin de lui faire regagner le niveau, qui ne pouvoit s'établir qu'en repoussant l'ennemi jusqu'à ce qu'il eût regagné la hauteur de Cologne, et pour y parvenir, il falloit balayer le cours de la Meuse et de la Moselle, et se rendre maîtres de tout le pays de Namur, Luxembourg, Trèves, Limbourg et Juliers.

La droite, commandée par *Custines*, devoit nécessairement concourir à cette exécution. J'examinerai par la suite le cours de ce mouvement qui avoit été dès le principe imprimé par la gauche et par le centre.

34. Après s'être débarrassé des différens détails administratifs qui l'avoient retenu à Bruxelles, *Dumouriez* en partit le 19 novembre et fut camper sur le Cortenbergh. Le 20 son armée traversa Louvain et campa sur le Pellenbergh.

Le corps d'*Harville*, qui marchoit sur sa droite, passa la Dyle à Coorbeuck, et prit une position le long du bois de Merendaël, le quartier-général à Louvain, et les avant-gardes à Bauterseim et le long de la Welpe. L'ennemi occupoit les hauteurs de Cumptich en avant de Tirlemont, avec une forte avant-garde ; son armée étoit entre les deux Getthes, derrière Tirlemont.

Le 21 notre armée se resserra sur son avant-
garde et se porta à Bauterseim. Le corps d'*Harville* fit aussi un mouvement sur sa droite,
qu'il dirigeoit pour l'attaque du lendemain par
Meldert, sur Hougaërde, afin de tourner la
gauche de l'ennemi dans le cas où il tiendroit
sa position, ce qui n'étoit guères présumable,
parce qu'elle n'est bonne qu'en faisant face à
Tirlemont, au lieu qu'en faisant face à Louvain
il avoit la Getthe à dos. Une de nos divisions
de gauche marcha par Gladbeck sur Oplinter.

Le 22 au matin l'avant-garde attaqua les
Impériaux; le combat fut long et disputé. La
colonne d'*Harville* rencontra beaucoup d'obstacles dans sa marche; celle de gauche n'arriva
à Oplinter et Neerlinter qu'après le combat,
qui dura jusqu'à trois heures après midi. Les
Impériaux y perdirent trois ou quatre cents
hommes et un grand nombre de déserteurs.

35. *Dumouriez* fit camper notre armée sur
les hauteurs de Cumptich; il plaça son avant-
garde à Orsmaël et son quartier-général à
Tirlemont. D'*Harville* reçut ordre d'aller camper à Judoigne et de se porter en deux marches
sur Namur, pour couvrir le siège de cette place
que *Valence* alloit ouvrir, ce qui pouvoit attirer de ce côté les troupes que le prince de
Hohenlohë avoit dans le Luxembourg. L'armée
du duc de *Saxe-Teschen*, qui se trouvoit

L 3

considérablement affoiblie, mit beaucoup de
fierté et de lenteur dans sa retraite. La nôtre
étoit également réduite par les garnisons qui
avoient été laissées dans les places nouvellement conquises, par la désertion et l'in-
complet des bataillons; elle avoit d'ailleurs
tout à souffrir de la rigueur de la saison et du
dénuement complet qui se faisoit sentir dans
toutes les parties des subsistances et de l'ha-
billement. Ces obstacles et l'arrestation impré-
vue des principaux fournisseurs la retinrent
quatre jours dans la même position ; elle la
quitta le 26 et fut camper à Saint-Tron.

36. Cependant les Impériaux n'abandon-
noient le terrain que pied à pied ; ils faisoient une retraite très-réfléchie et très-savam-
ment combinée. *Dumouriez* les trouva le 27
devant Liège dans la position de Raucoux et
Varoux ; ils avoient quelques gros canons dans
des redoutes fort bien faites, près de ce dernier village ; mais ce n'étoit qu'une arrière-
garde, forte de sept à huit mille hommes, et
commandée par le général *Starai*. Le corps
de l'armée étoit de l'autre côté de la Meuse,
sur les hauteurs de la Chartreuse.

Notre avant-garde, qui avoit à-peu-près le
même nombre d'hommes que cette arrière-garde,
l'attaqua le 27, la battit malgré la supériorité
de son artillerie, lui tua beaucoup de monde,

et la chassa de cinq à six villages. L'avantage auroit été plus décisif, et l'ennemi auroit été obligé pour se retirer, de traverser Liège, où il auroit couru d'autres dangers, si les flanqueurs qui avoient été envoyés par la gauche à Herstal, et par la droite à Flemaël pour le cerner, n'avoient pas éprouvé des contrariétés et des obstacles dans leur marche ; ce retard lui laissa la liberté de repasser la Meuse dans la soirée du même jour. L'armée française bivouacqua en-deça de cette rivière, sur des hauteurs qui dominent Liège ; elle entra le lendemain 28 dans la ville, où elle fut très-bien reçue.

37. L'ennemi se retira à Herve. *Dumouriez*, pour inquiéter sa gauche, renforça d'une brigade d'infanterie et d'un régiment de chasseurs le corps des flanqueurs de droite, commandé par *Frécheville* qu'il envoya à Spa, Stavelo et Malmédi. Le général *Stengel* fut placé en avant de Liège sur les hauteurs de Robertmont, et *Miaczinsky*, qui venoit de prendre le commandement des flanqueurs de gauche, se porta à Dalem.

38. *Miranda*, qui avoit remplacé *la Bourdonnaie* à Anvers, et qui avoit été chargé de suivre le siège de la citadelle, crut devoir changer la direction de cette attaque et la disposition de ses batteries.

L 4

Ce nouveau plan produisit beaucoup d'effet.
L'exécution avoit commencé à midi, dans la
journée du 28 novembre ; sur les cinq heures
nos boulets mirent le feu aux casernes et aux
magasins que l'ennemi avoit dans la citadelle :
cette circonstance accéléra la capitulation.
Après cette expédition *Miranda* fit marcher sa
division sur Ruremonde pour se conformer aux
ordres qu'il avoit reçus en partant de Louvain.

39. *Valence*, qui retournoit sur Namur
après la prise de Bruxelles, avoit quitté Nivelle le 16 novembre ; il vint camper à Mazi
le 17 ; il y trouva un corps de troupes détaché
de l'armée de *Clairfait*, avec lequel il s'engagea des escarmouches d'avant-postes. Le 18 il
fit ses préparatifs pour prendre position entre
l'armée de *Baulieu* et Namur. L'ennemi recula
et porta son camp à une lieue de la position
qu'il venoit de quitter. Alors *Valence* s'avança
sous les murs de Namur, et le lendemain 19,
à quatre heures du matin, il fit tirer quelques
coups de canon sur la ville, à la suite d'une
sommation par laquelle il donnoit jusqu'à onze
heures dans la journée du 20 pour se rendre.
Le général *Moitel* capitula et la ville fut éva-
cuée ; mais avant l'attaque de la place, trois
mille hommes s'étoient retirés dans la citadelle,
qui se disposa à faire résistance.

40. D'*Harville*, après l'affaire du 22, se porta

pareillement sur Namur, passant par Judoigne, et opéra sa jonction avec *Valence* ; ils attaquèrent de concert l'ennemi retranché avec soin dans le bois d'Ache, d'où il interceptoit notre communication avec le reste de l'armée, et pouvoit au besoin se réunir avec le surplus de la sienne. Cette action se passa le dernier jour de novembre ; elle dura toute la journée. L'ennemi fut repoussé avec une perte de deux cents hommes et soixante-deux prisonniers, du nombre desquels étoit le colonel *Lusignan* qui commandoit à Marches-en-Famênes. Sur le minuit les grenadiers du quarante-septième escaladèrent le fort Milotte sous la direction du général *Levesneur*, et l'emportèrent au moment où l'ennemi se disposoit à faire sauter les mines. Le lendemain, 1er de décembre, la citadelle de Namur se rendit à la suite d'une attaque protégée par le feu d'une batterie de vingt-quatre, dont l'effet fut extrêmement vif. La garnison, composée des régimens de Kinski, Vierset et d'un bataillon de Foissanne, sortit avec les honneurs de la guerre ; mais elle déposa les armes après avoir défilé, et se rendit prisonnière ; ainsi que le général *Moitel* qui la commandoit, et qui remit son épée à *Valence*. Il entra dans Namur par le château, et mit en liberté six prisonniers d'état qui y étoient renfermés. On prit dans cette citadelle six dra-

peaux , trente-deux bouches à feu , dont six de
vingt-quatre , et des munitions proportionnées
à la force de la garnison.

41. Telle étoit au 1.ᵉʳ de décembre notre situation sur la gauche et sur le centre de la
ligne employée vers le nord dans cette campagne. La Belgique se trouvoit entièrement ba-
layée ; nous étions maîtres de toutes les places
sur la Meuse, à l'exception de Maestrickt. Nos
troupes occupoient le Limbourg, et le corps
d'armée commandé par le prince de *Hohenlohë*
auroit été bloqué dans le Luxembourg, si la
droite avoit pénétré le long du cours de la
Moselle et de la Saar, et si *Custines*, suivant
celui du Rhin, s'étoit avancé jusqu'à Cologne.

42. Je n'entrerai point dans le détail de ses
querelles avec *Kellermann*, de ses altercations
avec *Dumouriez*, et des reproches qu'il fit à
Beurnonville de ne l'avoir pas secondé.

Mais je dois observer qu'il seroit assez difficile d'indiquer l'emploi que *Kellermann* fit
de son temps et des troupes qui lui étoient
confiées, depuis l'époque où l'ennemi leva le
blocus de Thionville et évacua définitivement
le territoire français, jusqu'à l'instant où ce
général fut envoyé dans le midi ; de préciser
les motifs qui l'empêchèrent de suivre les Prussiens lorsqu'ils se retiroient par l'électorat de
Trèves ; de se porter sur ce point pour opérer

sa jonction avec *Custines* ; de combiner ses forces avec celles de ce dernier pour couper la retraite aux Prussiens, et d'employer tous les moyens qu'il avoit à sa disposition pour les empêcher d'atteindre Coblentz.

Il pouvoit aisément, en passant la Moselle et la Saar, rendre des services très-importans ; il pouvoit, en réunissant sous Thionville toutes ses forces, qui formoient un corps de vingt mille hommes, et en se servant de la Moselle pour le transport de ses magasins, menacer Luxembourg et une partie de ce duché, tourner tout court par Greven-Maker, passer la rivière à Consaarbruck, et se porter avec rapidité sur Coblentz pour y prévenir les Prussiens, sans s'arrêter à Trèves qui tomboit d'elle-même, et prendre alors ses quartiers d'hiver entre Bingen, Coblentz et Trèves, dans le triangle formé par les deux rivières.

Cette marche étoit assurée en la concertant avec *Custines*, dont elle assuroit la position, et qui d'ailleurs la sollicitoit : en cas d'échec elle pouvoit tout au plus l'exposer à un mouvement rétrograde par le Palatinat sur Landau, avec le Rhin pour appui, et le renfort de toutes les troupes que *Custines* commandoit, et qui, dans ce cas, auroit eu le même intérêt que lui dans la retraite, si leurs forces combinées n'avoient pas été en état de contenir l'ennemi.

Il seroit encore plus difficile de trouver dans tous les détails officiels rien qui puisse justifier la nécessité de mettre ses troupes en quartier d'hiver, de renvoyer sa cavalerie et son artillerie derrière Metz, Toul et Verdun, et de les y laisser dans une inaction qui forme un contraste bien étonnant avec l'activité du reste de l'armée.

Cependant, pour l'appuyer par une diversion, il avoit été ordonné au général *Chazot* de rassembler un corps de dix à douze mille hommes, et de l'envoyer, sous les ordres du général *Ligneville*, par Virton, dans le Luxembourg. *Ligneville* devoit d'une part porter la dévastation dans ce duché, par représailles et pour venger celle de la Champagne. De l'autre, attirer à lui le prince de *Hohenlohë*, sans se compromettre, ayant toujours sa retraite entre Sédan, Montmédi et Longwi. Si l'ennemi ne lui opposoit pas de grandes forces, il devoit s'avancer sur Arlon pour couper la communication directe entre Luxembourg et Namur. Son corps d'armée devoit être renforcé du double au printemps; mais la retraite de *Kellermann* rendit cette diversion inutile.

Malgré toutes les présomptions qui s'élèvent contre *Kellermann*, il seroit peut-être imprudent de le juger défavorablement sur les reproches qui lui ont été faits par *Custines* et par *Dumouriez*. Pour avoir une opinion bien saine sur des événemens dont la chaleur des passions a souvent altéré les détails, il faudroit se reporter au temps où ils se sont passés, et sur-tout considérer qu'à cette époque il y avoit encore moins de subordination dans la classe des chefs que dans celle des soldats. Tout le monde avoit alors la manie de commander et de se faire valoir ; la défiance égaroit tous les esprits, et le gouvernement, qui n'avoit aucune base à cette époque, n'étoit pas assez fort par lui-même pour établir dans les différentes opérations que les circonstances nécessitoient, cet ensemble qui nous a mis depuis en état de tirer parti de nos fautes.

On pourroit encore ajouter, à la décharge de *Kellermann*, qu'il scroit possible que sa conduite ait été dirigée par l'opinion qu'il avoit dès-lors sur les projets de *Custines*, et même sur ceux de *Dumouriez*, dont les succès ont peut-être été plutôt le résultat de chances rendues heureuses par la valeur du soldat, que celui de combinaisons profondément réfléchies.

Custines, au lieu de s'étendre sur le Rhin, qui est pour les Français une barrière qu'ils ne devroient jamais franchir que dans des cas extraordinaires et très-forcés, venoit de le passer sur plusieurs points ; il avoit préféré de faire la pointe sur Francfort et sur Marbourg,

au parti beaucoup plus sage et bien plus avantageux de couvrir sa gauche et de s'emparer
de Coblentz et de Trèves ; il sollicitoit même
le ministre de grossir son armée aux dépens de
toutes les autres, et cela dans la vue de pénétrer au sein de l'Allemagne et d'y étendre ses
conquêtes. Il n'entre pas dans mon plan d'examiner, sous le rapport de la politique, le mérite des reproches qui lui ont été faits sur ce
projet ambitieux ; il étoit bien séduisant d'après
les vues qui fermentoient dans la majeure
partie des têtes, par l'appât des conquêtes dont
il offroit l'espérance, et par les contributions
que le génie fiscal se proposoit d'en tirer.

Son exécution ne pouvoit néanmoins s'opérer qu'en portant atteinte à des neutralités qu'il
étoit intéressant de ménager, et en fixant l'in-
décision de tous les Cercles d'empire qui hési-
toient encore à se déclarer contre nous.

Il est vrai que cette aggression étoit déjà commencée par la prise de Spire, Worms et
Mayence, par la course sur Manheim, et qu'indépendamment de l'extension que *Dumouriez*
lui-même se proposoit de lui donner, pour compléter l'exécution de son plan sur la Belgique
et de ses projets sur la Hollande, elle prenoit
un caractère tout aussi fortement prononcé,
par l'invasion du Palatinat, de l'Électorat de
Trèves, et par la conquête de Coblentz, Trèves,

et des autres pays neutres dont il falloit s'emparer pour suivre le plan général de la campagne, et pour en assurer le succès. Mais sous le point de vue militaire, l'invasion de tout le pays qui nous séparoit du Rhin, dont l'exécution sagement combinée devoit chasser le prince de *Hohenlohë* du Luxembourg, et le repousser au-delà du fleuve, étoit une mesure indispensable; elle conservoit dans son intégralité tout ce qui étoit sur la rive droite, elle ne jettoit pas si fortement l'alarme, parce que l'évidence de ses motifs laissoit du moins aux états d'empire l'espérance que nous pourrions respecter la limite que la nature avoit établie pour leur servir de sauve-garde : en tous cas, leurs craintes n'auroient pu produire d'autre effet que celui d'amener des propositions de paix.

Abstraction faite de toute autre considération, l'armée du Rhin, en bornant son invasion à la rive gauche, se rapprochoit du centre de l'armée, et concouroit avec elle à l'exécution du plan général.

Mais quelle que soit la vérité du fond des motifs qui ont dirigé *Kellermann* et *Custines*, il n'en est pas moins certain que la prudence de l'un et la témérité de l'autre ont également ruiné nos affaires sur la fin de cette campagne, en rompant la ligne, dont la continuation soigneusement conservée sur tous les autres

points, ne s'est trouvée interrompue que sur
celui que ces deux généraux étoient chargés
de couvrir, et en laissant l'ennemi s'établir
entre les armées du Nord et du Bas-Rhin ;
qu'elles ont favorisé le séjour du corps de
troupes commandé par le prince de *Hohenlohë*
dans le Luxembourg, et par conséquent secondé les vues que *Brunswick* avoit eues dès la
retraite de la Champagne, de se ménager les
moyens de rentrer en France au printemps
suivant, et d'entamer de nouveau notre territoire dès que l'armée de la coalition seroit
rétablie et qu'elle auroit reçu des renforts ;
qu'elles ont en outre contrarié l'établissement
de nos quartiers d'hiver ; et finalement qu'elles
ont détruit tout le succès d'une campagne très-
brillante et qui doit faire époque dans l'histoire, puisqu'elles nous ont ramené, avec des
désavantages très-marqués, au point d'où nous
étions partis lorsque nous l'avions commencée.

Tout le mal tiroit sa source de ce que *Cus-*
tines, oubliant que le corps qu'il commandoit
n'étoit qu'une avant-garde renforcée de l'armée du Rhin, que les développemens de la
campagne avoient portée en avant pendant le
cours de la retraite des armées de la coalition,
donnoit à ses opérations une importance qu'elles
n'avoient pas réellement, dans l'intention de
se procurer un commandement en chef, et de
ce

ce qu'en s'isolant du reste de la ligne, il avoit porté tous ses efforts sur sa droite aux dépens de sa gauche, qui devoit être néanmoins l'objet principal de son attention.

On ne peut en effet se dissimuler que malgré les lenteurs de *Kellermann*, *Custines* auroit très-facilement couvert tout le pays d'entre Moselle et Rhin, s'il avoit voulu porter ses forces de ce côté, au lieu de les employer comme il fit à des marches et contre-marches aussi fatigantes qu'inutiles, et que cette expédition, appuyée par celle que le surplus de l'armée faisoit dans les Pays-Bas, et soutenue par le corps d'armée de *Beurnonville*, qui venoit de remplacer *Kellermann*, et que l'on ne peut accuser de négligence, assuroit l'expulsion de tout ce que l'ennemi avoit laissé de troupes dans le Luxembourg et le Limbourg, en même-temps qu'il nous auroit rendus maîtres de toute la rive gauche du Rhin jusqu'à la hauteur de Cologne.

Toutes ces courses ne produisirent d'autre effet que la levée de contributions si énormes, que la Convention nationale crut devoir faire la remise d'une partie : il est même fort douteux que le trésor public ait retiré de très-grands avantages du surplus, par le défaut d'ordre établi dans la comptabilité, et par le gaspillage que se permettoit chacun de ceux entre les mains de qui toutes ces sommes devoient successive-

Année 1792. M

ment passer : mais'elles contribuèrent beaucoup
à nous faire haïr par les gens du pays ; et si la
malheureuse affaire de Francfort ne fut pas la
suite immédiate du mécontentement qui en étoit
résulté , du moins servit-elle de prétexte aux
puissances coalisées , pour augmenter la fer-
mentation qui règnoit dans les esprits.

Elles n'étoient d'aucun intérêt pour sa défense du côté de la rive droite, qui auroit été
suffisamment établie par des avant-postes assez
forts pour faire une bonne tête de pont. Il prit
l'inverse du plan que les ordres qu'il avoit reçus et l'utilité de la chose lui prescrivoient ;
il se contenta de jeter une arrière-garde sur
Creutznach , et par un changement total de la
direction qu'il devoit suivre , il tourna sa
marche sur l'Allemagne.

Une première expédition sembloit néanmoins
annoncer qu'il avoit des vues pour pénétrer à-
la-fois par les deux rives, et ce plan resserré
dans de justes bornes, n'auroit peut-être pas
été le plus dangereux , sur tout s'il eût eu la facilité de se ménager quelques points intermédiaires de communication sur ce fleuve , et s'il
eût toujours conservé sa direction sur le Nord.

Dès le 8 de novembre il avoit fait marcher
une division du côté de Creutznach et de Simmeren , pour fermer à l'ennemi le passage du
Hunds-Ruck. Un détachement de ses troupes

avoit même pénétré jusques sur la Moselle près Traerback , et avoit pris , à la vue de quatre cents hommes qui faisoient l'arrière-garde de l'escorte de deux mille malades que l'on transportoit par eau à Coblentz , un bateau chargé de deux mille sacs d'avoine qui furent jettés à l'eau , et dont on brûla les sacs ainsi que le bateau à la vue du détachement, qui n'osa pas s'y opposer.

Cette marche coïncidoit parfaitement avec le plan général ; elle répondoit aux mouvemens du surplus de la ligne , et tendoit à entretenir l'ensemble des opérations. Rien n'étoit plus aisé que de la soutenir, et *Custines* avoit par lui-même , sans compter sur les secours de *Kellermann* ou de son successeur, assez de forces pour résister et pour se défendre contre celles que l'ennemi pouvoit lui opposer sur sa gauche. En cas d'événement elle ne changeoit rien à sa position , qui étoit bien plus sûre qu'en s'étendant comme il le fit par sa droite.

43. Mais au lieu de réunir ses forces sur le point qu'il étoit chargé de protéger, il avoit établi son quartier-général à Hœchst, entre Francfort et Mayence. Cette demarche , qui intrigua l'ennemi, l'obligea de faire quelques mouvemens pour couvrir les points menacés. *Custines* , de son côté , fit partir , le 5 de décembre, son avant-garde de Nauheim-les-Sa-

M 2

lines , et la dirigea par Swalbach et Kœnigstein
sur Weilbourg. Elle avoit une distance de dix
lieues à parcourir ; en arrivant , vers les deux
heures de l'après-midi, deux chasseurs qui pré-
cédoient la colonne , partirent au galop et
furent suivis par dix autres qui poursuivirent
pendant une demi-heure une patrouille de dix
hussards hessais jusqu'aux portes de la ville.
Une force supérieure rendit la chasse à ce petit
détachement , qui se replia en ramenant quatre
chevaux de l'ennemi. Le chef rendit compte
de la forme du terrain au général *Houchard* ,
qui se détacha avec cent quarante chasseurs à
cheval formant toute sa cavalerie , masqua
derrière elle deux pièces d'artillerie volante
et la fit suivre par son infanterie , dont la force
s'élevoit à quatre cents hommes.

Six cents hommes d'infanterie sans canon ,
et deux cents hussards hessais composoient la
garnison de Weilbourg. Ils s'etoient mis en bataille au dessus de la ville ; l'infanterie se retira au premier coup de canon. Les hussards
tinrent plus ferme , et attendirent pour se retirer que notre canon leur eût renversé trois chevaux. Un grand ravin les séparoit de notre
cavalerie et l'empêchoit de les charger : cependant la bravoure des chasseurs qui formoient
ce petit corps de cavalerie et la supériorité
de leurs sabres à lames droites sur les lames

courbes de l'ennemi, les décidèrent à l'attaque , quoiqu'il fût du double plus fort en
nombre. Ils avancèrent, et ils étoient prêts à
donner , lorsqu'il arriva un ordre du général
Custines de partir avec célérité pour arriver
sur un autre point. Il est difficile de rendre
le chagrin de notre troupe lorsqu'elle se vit
obligée d'abandonner l'ennemi ; mais l'ordre
étoit pressant, il fallut l'exécuter. La colonne
prit une marche rétrograde et fit encore quatre
lieues. Un tambour du premier bataillon du
Jura avoit posé sa caisse, emprunté un fusil,
et à la dérobée il s'étoit avancé de haie en haie
et d'arbre en arbre à environ deux cents pas
des hussards ; en trois coups de fusil il en jetta
deux par terre.

Le lendemain 6 on fit dix lieues pour se rendre à Hombourg , passant par Nauheim , où
l'on mit les salines en régie au compte de la
République ; il fut impossible d'arriver avant
minuit. Le 7 à six heures du matin la colonne
se remit en route et marcha sur Wisbaden , ce
qui formoit un trajet de dix lieues ; mais deux
lieues avant d'arriver elle reçut un autre ordre
de partir à onze heures du soir pour Limbourg,
qui étoit encore à dix lieues de distance.

Les Prussiens étoient sortis de Coblentz et
avoient fait un mouvement ; *Custines* , instruit
d'abord qu'ils se dirigeoient sur Wisbaden ,

M 3

avoit ensuite reçu avis qu'ils alloient à Limbourg, et de-là le contre ordre et la marche rétrograde de Weilbourg.

Cependant la colonne étoit tellement fatiguée qu'*Houchard* lui-même ne la croyoit pas en état de se remettre si vîte en marche. Il la fit rassembler sans armes, lui communiqua l'ordre et lui dit que l'ennemi étoit à Limbourg, qu'il y avoit dix lieues à faire pour le joindre, et que si l'on n'attaquoit pas le lendemain, le coup seroit manqué. Un seul cri, qui fut unanime, s'éleva pour le départ ; ceux qui n'avoient pas de souliers dirent qu'ils auroient les pieds assez durs quand il faudroit marcher pour se battre, et l'on se remit en route : les forces étoient revenues au soldat ; il avoit oublié sa fatigue.

44. La troupe partie de Hombourg arriva à la pointe du jour à l'issue d'un village à trois lieues de Limbourg, après avoir traversé une large chaîne de montagnes où les chemins étoient à pic. Il faisoit un brouillard épais; trois hussards prussiens couchés en joue par l'avant-garde, se rendirent et déclarèrent qu'il y avoit dans Limbourg seize cents hussards et deux mille quatre cents hommes d'infanterie, avec quatre pièces de canon. Nos troupes réunies sur ce point consistoient en sept cents chasseurs à cheval, compris un escadron du neuvième de

cavalerie , quinze cents hommes d'infanterie et six pièces de canon. La différence des forces ne fit qu'accélérer la marche , et l'attaque se fit brusquement à l'instant de l'arrivée.

Le combat commença par un feu de tirailleurs ; l'ennemi fit ensuite quelques décharges d'artillerie auxquelles la nôtre riposta. *Houchard* établit son ordre de bataille pendant ce premier essai, et sur-le-champ il mit sa troupe en mouvement, en lui montrant les bayonnettes des Prussiens dépassant le haut d'un talus qui masquoit les hommes. Aussi-tôt le feu de la mousquetterie commença ; il fut très-chaud : celui des Prussiens étoit du double plus vif que le nôtre , mais mal ajusté. Le canon marquoit la mesure de cette musique infernale. Le septième bataillon d'infanterie légère , le deuxième de l'Ain et le premier du Jura , après deux ou trois décharges , marchèrent en avant au pas et dans l'ordre de la manœuvre d'instruction. Le dernier feu se fit à trente pas de distance , et sans le talus on croisoit la bayonnette. Les Prussiens effrayés tournèrent le dos , rentrèrent dans la ville , passèrent le pont et se sauvèrent. L'artillerie leur donna la chasse avec tant de vigueur, que le pont étoit couvert de notre mitraille.

Le premier bataillon du Jura descendit un glacis très-haut et très-à-pic pour les suivre ;

M 4

il étoit devancé par deux grenadiers. On traversa la ville sans qu'il fût tiré un coup de fusil
des maisons, et sans trouver autre chose que
des morts, des mourans et des blessés. Nos
troupes suivirent à coups de fusil l'arrière-garde
prussienne qui s'enfuyoit à grands pas, et la
nuit approchant, le général donna l'ordre
de rentrer. En arrivant hors la ville, le
premier prisonnier qui se rendit se voyant
serré de près tendoit son fusil d'une main et
son chapeau de l'autre; un de nos camarades
s'approcha de lui, et au lieu de saisir son
arme il lui donna la main, l'embrassa et le mit
au premier rang des grenadiers, où il fut reçu
avec la même amitié: la figure de ce Prussien
annonçoit un embarras extrême; il ne pouvoit
concevoir la possibilité d'un semblable accueil.
L'ennemi avoit laissé soixante morts sur la
place; on fit plusieurs prisonniers, parmi lesquels un lieutenant-colonel et un premier lieutenant. Nous eûmes de notre côté quatre morts
et dix blessés, du nombre desquels se trouvoit
le second chef du septième bataillon d'infanterie légère.

Les hussards de l'ennemi, quoique supérieurs en nombre, ne jugèrent pas à propos
d'approcher nos chasseurs; ils firent d'abord
leur retraite: il est vrai qu'ils étoient très-mal
montés, et que le roi de Prusse, déjà très-piqué

du dessous que son infanterie avoit essuyé dans
la Champagne, et de ce que des paysans (car
c'est ainsi qu'il appeloit dans le principe nos
bataillons de volontaires) l'eussent forcée à la
retraite, trouvoit dans sa cavalerie des souve-
nirs très-amers de son voyage de Verdun.

La colonne d'*Houchard*, à Limbourg, étoit
encore sur pied à dix heures du soir ; elle établit son bivouac hors la ville, qui n'est pas
de bonne défense, et laissa seulement des
gardes aux portes. L'ennemi ne devoit pas
avoir fait sa retraite fort loin ; il pouvoit
recevoir de grands renforts de Dietz, ville
distante d'une lieue seulement de Limbourg,
et il eût été imprudent de ne pas se tenir sur
le qui-vive. Il falloit même que la consterna-
tion eût fortement gagné les Prussiens pour
qu'ils ne se soient pas déterminés à faire une
attaque le lendemain ; mais nos marches les
étonnoient, et dans la crainte d'être poursuivis par le corps d'armée, ils se retirèrent à trois
grandes lieues.

45. Le lendemain, *Custines* et *Houchard*
réunis à Weilbourg, s'emparèrent de toutes
les provisions de la contrée, levèrent trois cent
mille florins de contributions, arrêtèrent un
député de la cour, l'envoyèrent à Mayence
sous escorte, se saisirent des chevaux de l'écu-
rie du prince de *Nassau-Weilbourg* qui étoit

présent , de ceux de trente hussards , de l'argenterie et de tout ce qui put s'emporter. Le
lendemain on fit la même cérémonie chez le
prince de *Nassau - Usingen* ; on vuida la
caisse et l'on exerça sur ces deux points toutes
les rigueurs usitées dans les expéditions militaires.

46. Cette conduite et l'intérêt que la maison
de *Nassau* inspiroit au roi de Prusse , ré-
veillèrent le souvenir de ce qui avoit été fait
précédemment à Spire , et décidèrent les puissances coalisées à se débarrasser d'hôtes aussi
incommodes que les Français , en même-temps
qu'ils préparèrent les habitans du pays à partager leur ressentiment , dont les suites ne tardèrent pas à éclater.

Déjà depuis quelque temps des bruits sourds
de rassemblemens destinés à renforcer les
Prussiens s'étoient répandus ; les vignerons du
Wirtemberg se disposoient même à prendre
une attitude hostile , et *Custines* , prévenu de
tous ces mouvemens , faisoit travailler avec la
plus grande activité à des retranchemens depuis Hombourg jusqu'à Mayence. On publioit
que l'armée prussienne , serrée entre les montagnes depuis Coblentz jusqu'au-delà de Limbourg , étoit hors d'état de subsister plus long-
temps dans cette position , et qu'en conséquence elle faisoit des dispositions pour tenter

un passage dans le pays d'Anspack et Bareith ,
afin d'y prendre ses quartiers d'hiver. Le succès
de cette marche devoit les mettre à portée de
profiter de toutes les ressources que la Franconie peut fournir par rapport aux subsistances.
Il empêchoit en outre *Custines* de s'y porter
avec son armée , qui auroit exporté par le
Mein tout ce qu'elle n'auroit pu consommer ,
ce qui auroit rendu pour l'ennemi l'entreprise
d'une nouvelle campagne difficile et embarrassante.

47. *Custines* , sous le double motif de leur
fermer le passage et de se garantir d'une
attaque, concentra ses troupes ; il garnit de
canons et de nombreux détachemens les défilés
par où l'ennemi devoit passer , et ne leur
laissa de libre qu'une seule route, celle qui
conduit de Limbourg à Kœnigsten , et qui
menoit directement au centre de l'armée française , placée en demi-cercle depuis Wisbaden
jusqu'auprès du fort de Kœnigsten.

48. Les Prussiens , de leur côté , se rassemblèrent sur la rive droite de la Lahn, entre
Ehreinbrestein , Limbourg et Vetzlaër, péné-
trèrent sur la rive gauche , et s'y joignirent
derrière Friedberg aux Hesse-Cassais et à cinq
mille Hesse-Darmstadtiens qui venoient de
Giesen. Toutes ces forces réunies s'élevoient
au-dessus de cinquante mille hommes.

Il y auroit eu dans ce moment un coup
hardi à faire si l'on eût été instruit à temps
de leur mouvement : c'étoit de figurer une défense sur la ligne que notre armée occupoit,
et d'envoyer une ou deux fortes colonnes par
la rive droite sur Coblentz, qui se trouvoit
dégarni, et dont on se seroit emparé avec
d'autant plus de facilité, qu'indépendamment
des secours que nous aurions pu tirer des troupes que nous avions sur la rive gauche du Rhin,
les Prussiens avoient retiré des environs de
Coblentz et de Montabaur six mille hommes,
et que pareil nombre, qui étoit én marche
pour s'y rendre, avoit reçu contre-ordre et
s'étoit dirigé sur Vetzlaër. Il ne restoit plus dans
la place et dans ses entours qu'environ trois
mille hommes pour défendre la citadelle et
la Chartreuse, et il n'y en avoit pas cinq
mille depuis Aldenaër jusqu'à Coblentz. Dès-
lors on pouvoit évacuer Francfort, retirer
toutes nos troupes de la rive droite du Rhin,
en n'y laissant que ce qui étoit nécessaire pour
couvrir Mayence, et par cette manœuvre on se
scroit trouvé tout naturellement établi dans le
Hunds-Ruck, ce qui auroit complettement secondé les dispositions du plan général sur cette
partie.

49. Mais les circonstances ne permirent pas
de suivre cette marche. *Custines* prit seule-

ment une autre position sur Hœchst, et fit couper les ponts pour retarder le passage de l'ennemi ; aveuglé par la confiance qu'il avoit dans les Francfortais, il espéroit que cette ville emploieroit toute la défense que l'on pouvoit tirer de la force de ses retranchemens, de sa nombreuse artillerie et de sa garnison.

Dès qu'il avoit su Francfort menacé, il s'y étoit rendu ; il avoit sommé le magistrat de déclarer s'il vouloit rester sous la protection de la République française ou sous celle du roi de Prusse, afin de prendre ses mesures d'après la réponse qu'il recevroit. Il sortit ensuite de la maison-de-ville, et peu de temps après on lui apporta la déclaration que les Francfortais se croiroient très-malheureux d'avoir d'autre protecteur que la République française, à laquelle ils étoient liés de cœur et d'intérêt, et que le général républicain pouvoit compter sur eux comme sur une ville française. D'après cette réponse, qui n'étoit qu'un leurre qu'on lui présentoit pour l'entretenir dans une fausse sécurité, *Custines* donna ses ordres, fit fermer les portes et se rendit à Hœchst.

50. Cependant les Prussiens et les Hessais profitèrent d'un brouillard fort épais pour s'approcher des murs de Francfort. L'allarme fut bientôt répandue ; nos soldats coururent aux

armes, et chacun se rendoit à son poste lors=
que de perfides citoyens qui avoient appelé
l'ennemi dans le sein de la place, faussant
la parole donnée par le corps du magistrat, se
portèrent armés de fourches et de haches à la
porte assiégée et l'enfoncèrent. Ils se répandirent ensuite dans les rues, où il massacrèrent
ceux des nôtres qui rejoignoient leurs bataillons. Sur les quatre heures de l'après-midi un
lieutenant-colonel prussien, accompagné d'un
trompette, vint sommer le commandant français de rendre la place ; il traversa les rues au
milieu des acclamations. Dans ce moment une
foule de Francfortais monta sur les remparts,
où nos troupes se défendoient avec la plus
grande intrépidité, et les massacra à coups de
haches et de faulx. On fit sonner la retraite ;
mais, par une nouvelle perfidie, le peuple
coupa les jarrets des chevaux qui traînoient
les pièces de canon, et ferma les portes de la
ville. Tant de sang répandu, tant de scéléra-
tesse ne firent point perdre courage à la troupe ;
huit cents hommes parvinrent à s'ouvrir un
passage et rejoignirent en bon ordre le corps
de l'armée.

On évalua notre perte à douze cents hommes.
Le peu de monde qui put s'échapper se retira
le long du Mein, sous la protection d'un détachement de cavalerie et du premier bataillon

des chasseurs, qui accourut avec deux pièces de canon pour couvrir la retraite. *Custines* s'avança pareillement et vint prendre poste sous les murs de Francfort, afin de porter du secours à l'avant-garde, dont il entendoit le feu qui se soutenoit et se rapprochoit de lui. Déjà le troisième bataillon des Vosges avoit reçu l'ordre de se retirer du village de Bochenheim qu'occupoit cette avant-garde. *Custines*, pour être plus à portée de juger des forces de l'ennemi, lui ordonna de reprendre ce poste ; il fit en même-temps avancer quatre bataillons de grenadiers et six pièces d'artillerie à cheval, et il plaça le trente-deuxième d'infanterie avec ses deux pièces de campagne de manière à prendre à revers l'attaque de l'ennemi, dans le cas où elle se porteroit sur notre gauche. L'ennemi parut en effet dans cette direction, et il fut si vivement reçu par notre artillerie, qu'il ne tarda pas à sentir le danger de cette entreprise et à l'abandonner. La colonne ennemie fit alors une marche par sa gauche et vint se présenter à la droite de Bochenheim, pour passer par la trouée qui se trouve entre le village et une flacque qui borde le Langwert : mais elle se trouva prise à revers par les deux côtés de son flanc, et sur toute l'étendue de son front. Notre artillerie tiroit avec tant de justesse, que chaque boulet se sillonnoit une

route dans les rangs de la colonne ; ses décharges réitérées l'empêchèrent de se développre et
la forcèrent de se retirer avec précipitation.

Nos troupes restèrent en bataille et conser-
vèrent cette position, parce que le feu qui se
faisoit à la gauche se rapprochoit insensiblement ; il venoit de la colonne d'*Houchard*, qui
faisoit lentement sa retraite avec l'avant-garde.

Le général *Newinger*, à qui dès le commencement de l'affaire *Custines* avoit fait passer
l'ordre de se porter sous une tour qui est sur
la route de Francfort à Mayence, avoit également forcé par son artillerie les troupes prus-
siennes à disparoître de la plaine, et il s'étoit
réuni à *Custines*.

Cette jonction et celle d'*Houchard*, qui ne
tarda pas à s'opérer, assuroient la retraite de
l'avant-garde et de toutes les troupes que la
prise de Francfort exposoit à la poursuite des
Prussiens. Elles n'avoient pas été contrariées
par l'ennemi, qui ne se montroit plus qu'en
très-petit nombre et par pelotons détachés :
le déclin du jour s'opposoit d'ailleurs à ce que
de part et d'autre on essayât une attaque.

Toutes ces circonstances décidèrent *Custines*
à commencer sa retraite, et il la fit de concert
avec *Newinger* et *Houchard ;* mais il profita
cependant d'un vaste pâturage qui se trouvoit
en avant du village de Rodelheim sur la rive
gauche

gauche de la Nidda, et qui présentoit des replis
de terrain formant des barbettes naturelles, derrière lesquelles il fit placer huit pièces d'artillerie soutenues par le troisième d'infanterie
et par le deuxième des Vosges. Il fit ensuite
retirer de la plaine les flanqueurs et tous les
chasseurs à cheval.

L'ennemi, qui surveilloit la retraite de *Cus-*
tines et qui ne s'attendoit pas à cette embuscade,
le faisoit suivre par une colonne d'infanterie
formée par demi-bataillon. Personne ne paroissant plus devant elle, elle s'avançoit avec confiance; mais à l'instant où elle s'y attendoit
le moins, nos batteries, qui se démasquèrent,
la prirent de front, par son flanc droit, et à
revers, et firent sur elle à deux cent cinquante
toises de distance un feu dont tous les coups
portoient, et dont l'effet fut si meurtrier qu'il
ne laissa pas à la colonne la moindre volonté
de se déployer; elle fut contrainte de se déban-
der et de se jetter en désordre dans les jardins
du village pour y trouver un abri. Nos troupes
se mirent en bataille à la sortie de Rodelheim,
et restèrent dans cette position jusqu'à ce que
le jour fût entièrement tombé; elles ne rentrèrent dans leur camp qu'à la nuit, sans qu'aucune troupe ennemie se soit présentée ni dans
le cours de cette soirée ni dans les jours suivans, pour les inquiéter.

Année 1792.   N

Les Prussiens avoient eu cependant l'intention de faire une attaque générale contre l'armée française, immédiatement après la prise de
Francfort ; trente-huit mille hommes des leurs
s'étoient présentés pour commencer l'exécution
de ce projet, dont les développemens contrariés par dix-huit mille des nôtres dans les différens chocs que je viens de détailler, se bor-
nèrent à de simples affaires de postes, et à des
escarmouches qui arrêtèrent leur marche et
les forcèrent de rétrograder sous les murs de
Francfort.

Quoique l'ennemi, malgré la supériorité de
sa force, neût pas osé accepter le combat qui
lui avoit été présenté à plusieurs reprises dans
le cours de cette journée, *Custines* ne se crut
pas en état de se soutenir dans sa position actuelle ; il vint en prendre une autre à Hocheim
avec une partie des troupes qu'il avoit sur la
rive droite du Rhin ; le surplus entra dans
Mayence pour y rester en aussi grand nombre
qu'il fut possible de l'y placer, et le reste passa
sur la rive gauche.

Indépendamment de la position d'Hocheim,
et pour couvrir plus parfaitement le pont de
Mayence il en prit une seconde à Cassel, qu'il
eut soin d'entourer d'ouvrages très-soignés et
très-importans, et il tira très-avantageusement
parti d'un vieux fort qui borde le Rhin, et

d'un cimetière qu'il protégea par des redoutes et par des batteries qu'il fit faire dans l'Isle du Rhin.

Le général *Beauharnais*, et *Houchard* qui n'étoit encore que colonel à cette époque, se signalèrent dans cette occasion. Le premier accompagnoit *Biron*, qui venoit d'arriver à Mayence le jour de la prise de Francfort, dans l'intention de se concerter avec *Custines* sur plusieurs opérations projettées ; tous les deux ils montèrent à cheval et se portèrent en avant au premier avis qu'ils reçurent de l'attaque que faisoit l'ennemi ; le second, avec deux mille hommes, en contint douze mille pendant tout le cours de la journée.

La perte de l'ennemi fut assez considérable pour exciter vivement l'humeur et les plaintes du roi de Prusse et de son fils, qui ne dédaignèrent pas de réunir leurs efforts à ceux de *Brunswick*, de *Kalkreuth* et du landgrave de Hesse-Cassel, pour fixer en faveur de la coalition le sort de cette journée, dont l'issue pouvoit nous devenir très-funeste, et que la valeur de nos troupes rendit très-honorable. Elles étoient cependant dans l'état le plus absolu de nudité et de dénuemement : malgré leur détresse elles bravèrent la rigueur de la saison et passsèrent sept nuits consécutives en plein bivouac.

N 2

La conduite tenue à Francfort contre les Français, contraste parfaitement avec celle qu'ils tenoient journellement à l'égard des Prussiens. Indépendamment de l'assassinat d'une très-grande partie de la garnison, je vais citer un fait dont l'atrocité suffit pour donner une idée de l'animosité que les puissances coalisées inspiroient contre nous à leurs sujets.

Il arriva, le 1.er de décembre, à Mayence, un des nôtres sortant de Francfort; on lui avoit coupé les deux mains, et quoiqu'il demandât la mort comme une grace, on le renvoya dans cet état affreux, pour qu'il pût fournir un témoignage plus frappant de la haine que l'on nous portoit : cependant, quatre jours auparavant nous avions renvoyé quatre-vingt-dix prisonniers prussiens, avec chacun six livres dans la poche. Mais l'ennemi, secondé par la canaille de Francfort, ne rougissoit pas d'égorger des hommes accablés de tous les côtés et sans défense. Les Hessois avoient distribué de l'argent à la populace, et grand nombre d'entre eux s'étoit glissé dans la ville, travestis en paysans; ce furent eux sur-tout qui tombèrent sur nos canonniers et les massacrèrent.

La perte de Francfort fut la suite naturelle de la légèreté avec laquelle *Custines* avoit adopté des projets trop vastes, sans considérer qu'il n'avoit pas assez de moyens pour les exécuter;

elle le réduisit jusqu'à la fin de la campagne, à une défensive qui se termina, comme on le verra par la suite, par l'évacuation de Mayence, et par l'obliger à reprendre sa première position sur Landau, en même-temps qu'elle contrarioit l'exécution du plan général sur la Belgique, à laquelle il devoit concourir avec *Dumouriez;* elle força d'ailleurs les puissances coalisées à faire de nouvaux efforts pour arrêter les progrès de l'invasion dont le surplus de leur territoire étoit menacé.

51. *Custines* n'avoit eu dans le principe d'autres ennemis à combattre que les débris de l'armée prussienne, qui s'étoit retirée sur Coblentz après la retraite de la Champagne. Ses premiers succès, en jettant l'alarme dans le sein de l'Allemagne, lui en attirèrent de nouveaux. Tous les régimens de l'Autriche et de la Prusse, et tous ceux que l'on put retirer des garnisons, se mirent successivement en marche pour grossir les armées de la coalition; ils formèrent à la longue cette masse énorme qui étoit annoncée depuis l'évacuation de la Champagne, et qui tomba brusquement sur nous à l'approche du printemps de l'année 1793. Pendant plus d'un an, elle contraria nos succès et nous alarma par les siens.

La portion de ces forces, qui étoit la plus

N 3

rapprochée du théâtre de la guerre , se porta vers Mayence et Francfort , et se réunit aux Prussiens , aux Hessois et aux autres corps armés qui faisoient face à *Custines*.

Au 13 de décembre , trente-cinq mille Autrichiens étoient déjà arrivés sur les frontières de la Franconie , trente-deux bataillons et trente escadrons de Prussiens étoient en marche vers le Rhin , et le cordon de troupes hanovriennes se formoit sur les frontières du pays de Hesse-Cassel.

52. En attendant l'arrivée de tous ces renforts, l'ennemi fit les dispositions nécessaires pour resserrer *Custines* sur Mayence. Il l'avoit déjà forcé de quitter son quartier-général d'Hœchst , et de se retirer à Hockeim.

53. Quelques jours auparavant , un corps nombreux , commandé par le fils du roi de Prusse en personne , se présenta pour canonner le fort de Kœnigstein. La première approche se fit le 7 de décembre ; le lendemain 8 , à deux heures du matin, les Prussiens établirent une batterie de onze pièces de trente-six , avec laquelle ils commencèrent à battre le fort. Cette attaque fut précédée d'une sommation, d'après laquelle le capitaine *Meunier* fit assembler , en présence de l'officier qui en étoit le porteur , les quatre cents hommes composant la garnison qu'il commandoit ,

et leur dit : « Soldats de la liberté , si vous
» êtes inébranlables, comme je n'en doute
» pas, nous défendrons Kœnigstein tant qu'un
» seul de nous restera en vie ; mais si, contre
» toute attente , je vous trouvois foibles, ce
» moment seroit le dernier de ma vie », et en
même-temps il leur montra le pistolet avec
lequel il se brûleroit la cervelle. Aussi-tôt
toute la garnison s'écria unanimement : *vaincre
ou mourir.* Alors, *Meunier* se tournant vers
l'officier prussien , lui fit réponse : *dites à
votre prince ce que vous venez de voir et
d'entendre ;* et il le congédia.

Cependant les Prussiens , conduits par les
paysans de l'endroit, avoient coupé la fontaine
qui donnoit de l'eau au fort; ils en furent
punis dans la même journée par l'incendie
de leur village , auquel la garnison mit le
feu dans une sortie qu'elle fit à l'improviste.

Soit que *Meunier* ne se crût pas assez fort
en artillerie pour se servir de la sienne , soit
qu'il voulût ménager ses munitions pour un
moment décisif, il ne fit pas tirer un seul coup
sur les assiégeans , qui faisoient un feu terrible et continuel sur le fort. Il sembloit que
tous les soins des assiégés fussent employés
à éteindre le feu qui avoit pris dans plusieurs
endroits. L'ennemi, encouragé par cet embarras apparent , s'approcha de plus près , et

N 4

vint s'établir dans une espèce de ravin qui,
indépendamment du désavantage de la position, étoit enfilé par le canon du fort. Ce
fut alors que sur le midi la petite garnison
commença son feu d'artillerie, sous la protection duquel elle fit une sortie si vigoureuse,
que les Prussiens, qui commencoient à sentir
la nécessité de la retraite, et qui la faisoient
en désordre, lâchèrent pied et abandonnèrent
avec elle leur artillerie. La garnison s'en
empara ; mais n'ayant pas assez de forces pour
emmener le gros canon, elle le rendit inutile en l'enclouant, et brûla les affuts à la
barbe de vingt mille assiégeans, qui se trouvoient trop heureux de pouvoir s'échapper
par la fuite, du mauvais pas dans lequel ils
s'étoient engagés.

·La petite ville qui est sous le château devint
la victime de cette expédition, dans laquelle
elle fut incendiée.

Ce coup d'essai d'un des descendans du
grand *Frédéric* ayant trompé les espérances
que l'on avoit conçues sur Kœnigstein, l'ennemi renonça au bombardement de ce fort ;
il convertit le siège en blocus, et se disposa
à des expéditions moins décourageantes. On
peut ranger dans cette classe, l'enlèvement
de quelques convois de farines mal escortés ou
livrés par les fournisseurs, et quelques appa-

ritions que fit l'ennemi pour surprendre nos postes. *Custines* les avoit établis de manière à ne pouvoir être forcés. La droite étoit appuyée à l'angle qui forme la jonction du Mein avec le Rhin, et sa gauche à la Nidda près Wisbaden; le centre avoit devant lui le mont Hocheim, qui étoit couvert de batteries et dominoit une vaste étendue de terrain.

54. Après avoir renoncé à Kœnigstein, l'ennemi se fit voir du côté de Wisbaden et vers le Rhinsgaw; il se répandit dans le Bergstrass, et prit à Gernsheim deux batteaux chargés de grains pour Mayence. Ses forces réunies, qui s'élevoient au-dessus de quarante mille hommes, le mettoient en état de faire des entreprises importantes; il en essaya une du côté de Hocheim, du 14 au 15 de décembre. Nos avant-postes et nos patrouilles de cavalerie furent attaqués, et dans la matinée du même jour *Custines* reçut avis de l'approche de l'ennemi, sur deux fortes colonnes, dont l'une descendoit la montagne de Wisbaden, dite la Plate, et l'autre venoit par la route de Francfort. La colonne de Wisbaden s'approchoit le plus, parce que l'autre étoit retenue par les six mille hommes qui étoient encore postés à Hocheim. Une partie du corps d'armée se mit en bataille sous le mont de Cassel, tandis que deux mille avancèrent sur l'ennemi;

mais *Custines* prévoyant que *Brunswick*, qui étoit à la tête de cette fausse attaque avoit un autre dessein, qu'il lui opposoit une manœuvre simulée pour le détourner du point de vue principal, fit marcher sur-le-champ six mille hommes qui remontèrent le Rhin à une lieue, pour empêcher le passage que l'on avoit intention de tenter. Il dépêcha également sur l'autre côté, en descendant le fleuve, un officier à la tête de deux cents hommes, pour porter les ordres nécessaires au commandant français qui gardoit le pont volant d'Oppenheim avec quatre mille hommes. Ces mesures déconcertèrent celles de l'ennemi, et le général *Houchard*, posté dans les environs d'Hocheim, repoussa avec avantage l'autre colonne, qui fut obligée de faire une marche rétrograde de deux lieues.

55. L'ennemi ne fit pas dans cette partie de démarches ultérieures pendant le reste de l'année, qui se passa en observations respectives. Il ne pouvoit nous inquiéter sur ce point, parce que nous étions en forces suffisantes pour lui faire face, et parce que d'ailleurs *Custines* avoit pris, de concert avec *Biron*, toutes les mesures nécessaires, non seulement pour couvrir Mayence, mais encore pour se garantir de toutes les entreprises que l'ennemi voudroit essayer pour passer le Rhin.

Sur la rive droite, indépendamment des postes qui y étoient établis et des retranche-mens qui les protégeoient, deux batteries flo-tantes, l'une sur le Mein, l'autre sur le Rhin, tenoient en respect l'ennemi, qui n'avoit pas plus de trois mille hommes dans le pays de Darsmstadt, et dont toutes les forces se trou-voient concentrées sur la ligne de Francfort à Wisbaden.

On avoit également pris des mesures pour défendre la rive gauche. L'intervalle depuis Bingen jusqu'à Worms se trouvoit couvert par une armée française fournie de toutes les choses qui lui étoient nécessaires pour faire son devoir, et particulièrement d'artillerie. A quel-ques lieues au-dessous de Worms commen-çoit un nouveau corps d'environ quinze mille hommes, qui avoit son quartier-général à Mul-terstadt près de Manheim, et qui s'étendoit le long du Rhin au-delà de Spire.

Tandis que l'armée inférieure couvroit la contrée du Rhin près de Mayence, le corps d'armée supérieur nous assuroit les environs de Manheim et de Spire contre le passage d'une armée allemande, et ce passage, qui avoit été ouvert jusqu'alors, se trouvoit intercepté; ces deux corps devoient aussi, dans le cas de be-soin, servir à appuyer *Custines*, et tous les jours il arrivoit de nouveaux renforts. Une

partie de la grande armée de ce général conservoit sa position au-delà du Rhin. L'aile droite
se terminoit, comme je l'ai déjà dit, à l'angle
qui forme la jonction des deux rivières près
Hocheim ; sur ses derrières elle avoit le village
de Cassel ; et l'aile gauche se terminoit à Biberick. Le centre avoit en avant le mont Hocheim, qui étoit couvert de batteries, et que
l'on avoit d'autant plus d'intérêt de conserver,
que dominant une vaste étendue de terrain, il
couvroit les ouvrages de Cassel, qui formoient
une des principales défenses de Mayence.

L'ensemble de ces dispositions assuroit, au
moins pour tout le temps de l'hiver, la tranquillité de nos quartiers sur le bord du Rhin ;
ils ne furent effectivement inquiétés que par
des affaires de postes, à la suite d'une desquelles
le roi de Prusse fit sommer *Custines* d'évacuer
Mayence pour le 16 de décembre, en le me-
naçant de venir l'attaquer avec une armée de
soixante mille hommes. La réponse la plus fière
de la part de *Custines* suivit cette sommation,
et les choses demeurèrent sur le même pied pendant le reste de la campagne.

56. Mais quelques efficaces que pussent être
les mesures prises par *Custines* pour contenir
les Prussiens et les Hessois, sur le Rhin, l'iso-
lement de sa position avec celle de *Dumouriez*,
qui suivoit avec vigueur contre les Autri-

chiens son plan d'opération sur la Belgique, empêchoit qu'elles ne concourussent à
la sûreté du reste de la ligne, dont la continuité se trouvoit toujours interrompue sur
tous les points d'entre le Rhin, Meuse et Moselle.

57. Cependant la clôture de la campagne devenoit de plus en plus délicate et néanmoins
nécessaire. On étoit alors au premier de décembre, la saison étoit rigoureuse; l'armée, qui
manquoit de tout, s'affaiblissoit journellement
par la plus effrayante. désertion; d'ailleurs le
soldat, pour suppléer aux besoins de première
nécessité que l'on ne pouvoit pas satisfaire
par la voie des fournitures ordinaires, pilloit
et dévastoit tout ce qui se trouvoit à sa portée;
sa nudité, son manque absolu de chaussure ne
permettoient pas d'exiger de lui, ni la docilité
ni l'activité qui sont la base essentielle du
service. On ne peut cependant se dispenser de
faire l'éloge de sa patience, et de convenir que
l'état déplorable de sa situation, qui s'est re-
nouvelé très-souvent pendant le cours de la
guerre, prescrit à tous ceux qui savent apprécier les circonstances, la loi de ne pas juger à
la rigueur les excès que la troupe des deux
partis a été, dans certains momens, en quelque sorte forcée de commettre pour l'adoucir.

D'un autre côté, *Kellermann*, par ses retards,

avoit laissé l'ennemi s'établir entre les armées du Nord et celles du Haut-Rhin. *Custines* se trouvoit dans une position qui prescrivoit la plus grande circonspection, pour ne pas heurter les états neutres, et sur-tout l'électeur palatin, qui pouvoit, dans un moment d'humeur, livrer le passage du pont de Manheim, et faciliter par-là aux troupes de la rive droite, les moyens de lui couper la retraite. On ne pouvoit cependant ni marcher sur Cologne, ni prendre des quartiers d'hiver sans occuper Maestricht, qui appartenoit aux Hollandais, avec lesquels nous n'étions pas encore en guerre, et qui venant à se déclarer, entraînoient avec eux l'Angleterre, Aix - la - Chapelle, ville impériale, qui faisoit nécessairement cause commune avec les autres états d'empire, et Juliers, propriété de l'électeur palatin, à qui Manheim appartient également. La première de ces places étoit indispensable pour assurer le cours de la Meuse ; les deux autres pour protéger nos quartiers d'hiver, qui auroient été trop étendus si on les eût prolongés jusqu'au Rhin.

Des difficultés politiques, qu'il fut impossible de lever, ne permirent pas alors de faire la moindre entreprise sur Maestricht, et la conduite réservée que l'on tint à cet égard, a été l'une des principales causes de tous les désastres que nous éprouvâmes l'année suivante ; mais la nécessité, qui est la plus impérieuse de toutes les lois, et la certitude que les entreprises de *Custines* avoient déjà opéré sur l'esprit des états d'empire, le mécontentement que l'on redoutoit, déterminèrent à passer sur les considérations qui arrêtoient relativement à Aix-la-Chapelle et Juliers.

58. Cependant l'ennemi n'étoit pas dans une position beaucoup plus riante que la nôtre, sur les points qu'il occupoit entre la Meuse et la Moselle ; il éprouvoit comme nous tous les effets de la détresse resultant de l'épuisement du pays, qui n'est pas très-fertile et qui peut à peine se suffire à lui-même. Il se tint à Herve un conseil de guerre dans lequel il fut décidé, que vu la pénurie des magasins, on étoit obligé d'abandonner cette province et de se retirer au-delà du Rhin. Les officiers civils de l'armée autrichienne reçurent en conséquence l'ordre de partir sur-le-champ, et les préposés aux convois celui de se mettre en route à minuit.

D'après la décision de ce conseil, qui fut tenu le 1.er de décembre, l'ennemi se prepara à quitter Herve et ses environs. Le lendemain, à sept heures du matin, il fut camper à Henry-Chapelle et Aix-la-Chapelle, ne laissant derrière lui que des arrières-gardes. Le corps commandé par le général *Beaulieu* se retira dans le Luxembourg, par Marche en Famênes.

59. Ce mouvement établissoit l'ennemi par échelons à Aix-la-Chapelle, Henry-Chapelle et Herve. *Dumouriez*, qui n'en connoissoit pas encore les motifs, entreprit de le déposter; il fit attaquer Herve le 7. On trouva les Autrichiens dans le faubourg de Verviers; ils s'y étoient réfugiés pour se soustraire à notre poursuite; il étoit difficile de les attaquer dans cette position, parce que la ville les couvroit et rendoit notre canon inutile : mais on la tourna, et dès-lors ils furent contraints de songer à la retraite, qu'ils dirigèrent sur Rechem. Une partie de nos troupes les poursuivit, tandis que l'autre entra dans la ville. Nos grenadiers entrèrent également dans Rechem avec deux petites pièces d'artillerie; ils en chassèrent l'ennemi, qui crut pouvoir tenir dans le petit Rechem : mais il fut également déposté. A la suite de cette affaire, nos troupes prirent possession de Verviers.

Les Impériaux, après avoir soutenu avec vigueur, se retirèrent sur Aix-la-Chapelle, qu'ils furent obligés de quitter pour céder la place à nos troupes, qui y entrèrent le 8.

60. A cette époque, *Beurnonville*, qui s'étoit rapproché de la Sarre, venoit de prendre quelques petites places, dont la plus marquante est

est Saarbruck. L'ennemi, qui regrettoit cette prise importante, à raison du château et de ses fossés, s'étoit présenté en forces, le 11 décembre, pour essayer de nous l'enlever; mais il fut rigoureusement repoussé par les troupes aux ordres du général *Pulli*. Ce succès détermina le projet d'une double attaque sur Consaarbruck et Pellingen. Elles eurent lieu toutes les deux; mais la première fut prévenue, et l'on ne put conserver l'avantage du terrain.

Les ennemis s'étoient portés de très-bonne heure sur un petit village où étoit le seul quatrième bataillon de la Meurthe, fort de trois cents hommes. Ce bataillon s'empara de la hauteur; il arrêta, par un feu roulant, un corps de seize cents hommes, dont quatre cents de cavalerie, et donna au général *Pulli* le temps d'arriver avec des forces. L'ennemi tripla les siennes en trois heures de temps, ce qui le remit en égalité de nombre avec celles de *Pulli*. Le combat fut vif et la déroute de l'ennemi très-complette; la compagnie franche de *Maurice* le suivit jusques dans ses retranchemens et sous ses batteries.

L'attaque sur Pellingen, se fit vers le midi. A une heure le village étoit battu, évacué, et occupé par nos troupes; mais le général ne jugea pas à propos de le garder.

Année 1792.   O

Notre gauche fut attaquée le lendemain par des troupes sorties de Greven-Macker , qui se replièrent après avoir laissé quelques morts et des prisonniers. Le lendemain 15 on marcha pour achever de les repousser. L'armée se diri-gea sur trois colonnes, dont la première devoit charger à la bayonnette l'ennemi posté sur une hauteur , la seconde , soutenir notre artil-lerie qu'elle conduisoit avec elle , et la troi-sième se porter sur Greven-Macker pour couper la retraite à l'ennemi. La montagne étoit char-gée de neiges ; il falloit une heure pour en at-teindre le sommet. Ce mouvement qui se fit au pas de charge , surprit tellement l'ennemi, que les retranchemens furent emportés dans un mo-ment , et qu'il prit la fuite , laissant un caisson dont un de nos bataillons s'étoit emparé. Il étoit nuit quand la troupe fut rendue sur le sommet ; il fallut y rester au bivouac. Les forces de l'ennemi, qui eut huit à neuf cents hommes de tués dans cette affaire et cent pri-sonniers, s'élevoient à trois mille hommes, et les nôtres à douze cents, sur lesquels il y en eut vingt-cinq tant tués que blessés.

Ces différentes affaires , qui nous rendirent maîtres de tout le territoire situé entre Saar et Moselle jusqu'au point de Consaarbruck , à l'époque du 20 de décembre , auroient produit des avantages bien plus réels si elles avoient été secondées par les opérations de l'armée de *Custines*, parce que dès-lors la ligne se seroit rétablie depuis Mayence, par Trèves, avec l'armée de *Dumouriez*, qui comme on l'a vu plus haut, étoit déjà depuis long-temps en avant de Liège et tendoit toujours à opérer la jonction.

Elles mirent en notre pouvoir sept pièces de canon pris à l'ennemi, qui perdit plus de douze cents hommes au total.

Dans la journée du 18, après une canonnade de sept heures sur le pont de Consaarbruck, nous nous emparâmes de Greven-Macker, dont on chassa la garnison composée de trois mille hommes. L'ennemi fut mis en déroute, son parc fut dévasté, et le pont qu'il avoit établi sur la Moselle fut brisé. Il seroit difficile d'apprécier au juste la perte de l'ennemi; elle dut être considérable si l'on en juge par le nombre d'hommes qu'il laissa sur le champ de bataille et par ceux que l'on voyoit tomber dans les rangs. La canonnade s'étoit faite de très-près, et la précision de nos artilleurs étoit extrêmement destructive. Quant à la nôtre, elle ne fut pas aussi forte qu'on pourroit le présumer, par la mal-adresse de l'ennemi qui tiroit ou trop haut ou trop bas.

Je dois observer ici, qu'en général et pendant tout le cours de la guerre il y a eu une très-grande disproportion dans la perte qui

O 2

s'est faite respectivement, et cela vient de la manière dont on se battoit de part et d'autre. L'ennemi, accoutumé à l'exécution des feux, suivoit l'ancienne routine, et il auroit eu sur nous une supériorité écrasante, si la peur dont il a été saisi dès le premier moment et qui ne l'a presque pas quitté pendant toute la guerre, lui avoit laissé assez de sang-froid pour ajuster : il est d'ailleurs d'expérience que même dans les exercices de parade, pourvu que les armes paroissent alignées, on s'attache bien plus à ne faire qu'un coup qu'à bien ajuster.

Abstraction faite de la frayeur qui fait trembler la main et rend l'arme chancelante, la majeure partie des balles porte en l'air ou à terre par l'effet du plus léger changement dans la direction du fusil; et dans les cas d'attaque, si la première décharge ne réussit pas, l'audace du corps qui l'a essuyée sans s'étonner, s'accroît à mesure qu'il avance, et presque toujours il termine par culbuter l'ennemi, dont la crainte s'augmente dans la même proportion.

Il est en outre démontré que toute la force d'une troupe réside dans l'union des parties qui la composent et dans l'ensemble de son choc, et que pour peu qu'elle se laisse entamer ou qu'elle se débande, sa perte devient inévitable et plus meurtrière.

Il est pareillement démontré que la mousquetterie et très souvent l'artillerie, sur-tout lorsqu'elles sont tirées en masse, font plus de bruit que de besogne, et c'est ce qui fait que le feu de file est plus meurtrier que les autres, parce qu'alors chaque homme ajuste sans s'inquiéter de l'alignement, qui par la moindre différence dans la cambrure ou dans la conformation du fusil, peut en produire une très réelle dans la direction de la balle.

Toutes ces vérités sont devenues bien plus sensibles depuis que le soldat français, dédaignant le feu de la mousquetterie, a placé toute sa confiance dans la bayonnette, qui convient mieux au caractère national, et que l'ardeur de nos *carmagnoles* a rendue irrésistible.

Jai été à portée de m'en convaincre dans une infinité de circonstances et d'après des traits d'intrépidité qu'il faut avoir vus pour s'en former une idée; ils m'ont prouvé jusqu'à l'évidence que l'homme timide est ordinairement le premier blessé, que la victoire se range toujours du côté du plus audacieux, et qu'on ne l'enchaîne qu'à force de témérité.

Malgré la justesse de ces remarques, trop générales pour ne pas être susceptibles d'exceptions, il faut cependant convenir que l'on ne peut faire la guerre sans perdre du monde, et que nous en avons réellement perdu beaucoup dans celle dont j'écris les détails : mais

O 3

si d'un côté les rapports officiels ont quelquefois déguisé la vérité, de l'autre, l'animosité
des partis a tellement exagéré nos pertes et contrarié nos succès, qu'il n'est pas possible de
calculer d'après les bases qui ont été données
de part et d'autre ; je ne citerai qu'un seul trait :
on a souvent objecté le compte rendu d'après
un combat qui n'avoit coûté que le petit doigt
d'un chasseur, et de sarcasme en sarcasme on
a fini par prétendre que c'étoit là le *maximum*
de notre perte à la bataille de Jemmappes. J'ai
sous les yeux la relation officielle du combat
sur lequel cette assertion à réellement été hasar-
dée ; c'étoit une affaire de poste assez sérieuse
pour que l'on ne puisse soustraire l'auteur de
cette relation au ridicule qu'il a mérité : mais
aussi le même esprit de justice doit ramener à
la vérité sur les exagérations qui ont été faites
en sens contraire.

61. Il restoit encore beaucoup à faire pour
terminer la campagne, et sur-tout pour assurer
les quartiers d'hiver dans toute la partie du
centre de la ligne qui avoit le plus fatigué ; car
pour la gauche, composée en très-grande majorité de bataillons nouvellement formés ou de
troupes de lignes tirées des garnisons, là majeure partie des premiers n'avoit encore vu que
le feu de la cuisine, et le surplus n'avoit participé qu'à une partie de la campagne de la Belgi-

que, finie presque aussi-tôt que commencée ; *Dumouriez*, les regardant comme des troupes fraîches, les destinoit à l'expédition qu'il projettoit sur la Hollande : mais quant au centre, qui avoit supporté tout le poids de la guerre, il étoit pressant de lui procurer du repos, et ce motif, réuni à celui de leur délabrement et de leur détresse, faisoit sentir la nécessité des quartiers d'hiver que *Dumouriez* leur fit prendre vers le 12 de décembre.

Par son ordre, *Miranda* s'étoit porté à Ruremonde dans les premiers jours du même mois; il s'y étoit établi, il avoit pris possession de la Gueldre, dont il avoit dès le 11 entièrement chassé l'ennemi ; il s'étoit mis à le poursuivre pour accélérer sa marche dirigée sur Cologne, dans l'intention d'y passer le Rhin, et tout ce qui restoit d'Impériaux dans cette partie paroissoit disposé à se retirer au-delà de ce fleuve. On leur fit dans cette poursuite cent prisonniers et ils y perdirent quelques fourrages.

Dès que *Miranda* fut établi dans Ruremonde, il envoya le général *Lamarlière* lever des contributions dans le pays de Clèves et dans la Gueldre.

Il auroit été assez plaisant qu'il lui remît une pièce très-originale trouvée lors de l'évacuation de la Champagne : c'étoit une reconnoissance donnée par le duc de *Brunswick-Lunebourg* à

O 4

la commune de Hans, de cent dix moutons qu'il s'étoit fait livrer de vive force , et bien plus plaisant encore que *Lamarlière* en eût demandé le remboursement aux habitans des états du roi de Prusse dans cette contrée.

Lamarlière exécuta peut-être trop légèrement la mission qui lui avoit été confiée , sous le rapport des contributions : mais comment concilier cette manie de gréver les peuples avec la prétention que *Dumouriez* affichoit de gagner les cœurs et de les concilier à la République. De deux choses l'une, ou les plans de ce général n'étoient que des opérations militaires , et dans ce cas il falloit suivre en tout point les regles ordinaires ; ou leur base n'étoit qu'un rafinement de politique , et dès-lors la conduite de *Lamarlière*, qui trouvoit dans toutes les bouches les mots de justice et de modération , devient excusable.

Je ne crois pas devoir prononcer sur une question aussi délicate , et me renfermant dans les détails militaires je vais indiquer le placement des quartiers d'hiver.

62. *Miranda* s'établit à Aix-la-Chapelle , occupa les bords de la Roër jusqu'à Alden-Hoven ; *Miaczinski*, avec les flanqueurs de gauche , la petite rivière de Foron et le pays de Dalem ; le colonel *Frécheville*, avec ceux de droite, Eupen et Cornélis-Munster.

L'avant-garde de *Valence* étoit placée à Verviers, Limbourg, Stavelo, Spa, et Malmédi; elle formoit deux lignes depuis Hui jusqu'à Liège et Saint-Tron. L'armée du centre occupoit Liège, Robertmont, Herve et les villages intermédiaires. Celle du nord ou de *Miranda*, depuis Tongres jusqu'à Ruremonde.

Par ce moyen tous les cantonnemens se protégeoient mutuellement et faisoient face de toutes parts à l'ennemi, sur Cologne, sur Coblentz, sur le cours du Rhin entre ces deux villes, sur Trèves et le Luxembourg, sur Maestricht et sur la Campine, qui formoient tout les points par où l'ennemi pouvoit déboucher. Aix-la-Chapelle devenoit le point central de rassemblement et le pivot d'où l'on pouvoit prendre tous les points de direction en cas que l'ennemi menaçât d'attaquer nos quartiers, ce que sa foiblesse et son état de détresse ne rendoit pas présumable avant le retour du printemps.

Cette opération fut la clôture de cette campagne; mais avant de la terminer je dois rendre compte de quelques détails relatifs à l'armée des Alpes.

63. La conduite tenue par le général *Montesquiou*, qui commandoit la partie de cette armée stationnée dans la Savoie, fournit plus de matériaux pour l'histoire de la politique que

pour celle de la guerre ; les causes qui motivèrent sa destitution et sa fuite sont étrangères à mon plan.

Les opérations militaires ne prirent pas une
tournure plus active sous *Kellermann*, qui le
remplaça.

64. Les autres divisions de cette armée avoient
à leur tête le général *Anselme*, qui, par la
prise du comté de Nice, venoit de nous ouvrir
les portes du Piémont et par suite celles de
l'Italie. Le contre-amiral *Truguet*, qui agissoit
de concert avec lui, se présenta le 23 d'octobre
vers les trois heures de l'après-midi devant
Oneille. Après avoir jetté l'ancre il détacha deux
officiers sur une chaloupe portant pavillon par-
lementaire, pour sommer la ville ; ils étoient
parvenus près du rivage et déjà ils embou-
choient le porte-voix pour faire la sommation,
lorsque trente coups de fusil partirent de dessus les remparts de la ville, tuèrent cinq matelots et blessèrent mortellement les deux officiers. Trois matelots échappèrent en virant
de bord et rejoignirent l'escadre. Le contre-
amiral indigné, donna sur-le-champ le signal
d'attaque et cent cinquante bouches à feu bat-
tirent cette ville perfide pendant deux heures.

Le lendemain il fit débarquer huit à neuf
cents hommes, qui soutenus par le feu des vaisseaux dirigé sur la ville, l'attaquèrent et s'en

emparèrent ; elle fut bientôt mise en feu et pillée.

Après cette expédition les troupes se rembarquèrent, l'escadre fit voile pour Gênes et mouilla quelques jours après dans la rade de Spezze , où elle s'établit dans l'intention d'y passer l'hiver , parce que la saison étoit si avancée , qu'il n'étoit guères possible d'exécuter avant le printemps le projet d'invasion dans la Sardaigne , ou de traverser l'état de Gênes pour marcher contre Coni et Turin , d'après les dispositions que *Truguet* étoit allé préparer à Gênes.

L'escadre fut renforcée par deux vaissaux de ligne arrivés de Brest et trois bombardes de Toulon. Ce renfort excita dans le cœur de nos marins le désir de faire une double exécution , dont la première étoit d'aller à Livourne pour y venger l'affront fait à une frégate française qui avoit été forcée , par ordre du grand duc , de sortir du port parce que les trois couleurs de notre pavillon l'offusquoient ; et la seconde de se présenter devant Civita-Vecchia pour y réclamer deux artistes français qui avoient été arrêtés à Rome : mais des vues plus sérieuses et que je détaillerai dans la campagne suivante , ne permirent pas de donner suite à ces projets.

65. Cependant le général *Anselme* tenoit toujours les Piémontais serrés dans les montagnes ; ils firent un mouvement pour se dé-

gager ; trois mille d'entre eux attaquèrent son avant-garde postée à Sospello , et la forcèrent de se replier à la distance de trois lieues.

Anselme partit sur-le-champ avec une co-lonne de mille hommes soutenue par quatre pièces de canon ; il repoussa l'ennemi et réta-blit tous ses postes.

Cette entreprise des Piémontais donna lieu à plusieurs combats dont voici les détails , dans lesquels sont compris ceux de l'attaque dont je viens de parler ; ils eurent lieu depuis le 18 jusqu'au 22 novembre.

Les Piémontais , renforcés d'un corps assez considérable de troupes autrichiennes dans la partie de Saorgio , et enhardis par le succès qu'ils avoient eu le 2 du même mois du côté de Lantabia , dont le général *Barrat* , qui avoit quatre bataillons sous ses ordres , n'avoit pas pu s'emparer malgré l'ordre for-mel qu'il en avoit reçu et quoiqu'il n'y eût dans cette partie que très-peu de troupes , pour la plupart composées de milices piémon-taises et de barbets , voulurent par une opera-tion combinée, attaquer les têtes de nos postes avec des forces supérieures, et en les obligeant à se replier , acquérir un terrain qui pût leur procurer des habitations plus commodes. En conséquence et pour exécuter ce projet, après une marche de nuit ils se portèrent sur trois colonnes vers Sospello, où ils arrivèrent à la pointe du jour. Ils avoient à leur colonne du centre dix-huit pièces de canon, dont douze de gros calibre. Leur marche avoit été si rapide, que nos gardes avancées furent enveloppées et ne purent se replier. Le général *Brunet*, qui commandoit l'avant-garde à Sospello, mit ses troupes en bataille dès qu'il entendit la première fusillade, et quoiqu'en nombre très-inférieur, puisqu'il étoit attaqué par plus de quatre mille hommes, il seroit parvenu à les repousser si l'ennemi n'avoit pas eu le temps d'occuper des postes avantageux qui le dominoient.

Dans cette position *Brunet* ordonna la retraite; elle se fit en bon ordre sur Lescarena, et nous n'eûmes que deux hommes de tués et quelques blessés, parmi lesquels se trouvoit un officier attaché à l'état-major. Une pièce de campagne dont l'essieu venoit de casser resta au pouvoir de l'ennemi.

Une quatrième colonne s'étoit portée sur Lucerana et Berra; elle avoit également forcé ces postes à se replier.

A une heure dans la même journée le général *Anselme* reçut avis de la marche de l'ennemi; il assembla sur-le-champ douze compagnies de grenadiers, se mit à la tête de cette colonne, qui conduisoit avec elle quatre pièces

de campagne, et fit tirer de chacun des douze
bataillons qui étoient à Nice cent hommes pour
former un corps qui devoit le suivre au premier avis. A son arrivée à Lescarena, il lui
envoya l'ordre de se rendre auprès de lui dans
la nuit, qui fut employée à disposer le plan
d'attaque qu'il se diposoit de faire le lendemain
sur Sospello.

Le 19 à la pointe du jour toutes les troupes
se trouvèrent en bataille; *Anselme* apprit alors
que les milices du pays, enhardies par l'éloignement de nos troupes que l'on avoit tirées
de leurs cantonnemens pour marcher sur Sospello, paroissoient menacer ses convois. Il
calcula que d'un autre côté l'ennemi, qui occupoit le village de Berra, pouvoit intercepter
ses communications; ces deux circonstances
le déterminèrent à laisser deux mille hommes
à Lescarena, et le réduisirent à marcher vers
Sospello, qui étoit son objet principal, avec
les grenadiers et les bataillons du onzième et
du soixante-dixième régimens. Il forma trois
colonnes de cette troupe; celle de la gauche,
composée d'une partie des grenadiers et du
bataillon du onzième, fut commandée par le
colonel *Dagobert*, ayant sous ses ordres le
colonel *Massia* et le lieutenant-colonel *Vicose.*
Celle de la droite, composée du surplus des
grenadiers seulement, eut pour chef le lieu-

tenant colonel *Dupuy*. Ces deux colonnes se dirigèrent sur la crête des montagnes qui bordent
le chemin de Lescarena à Sospello , où se trouve
le défilé de la Roccataillada , d'où quinze hommes pourroient avec des pierres arrêter une
armée qui n'auroit pas pris la précaution de
s'emparer des sommets. Les volontaires corses
et six compagnies du troisième bataillon d'infanterie légère étoient à la tête de ces colonnes,
et au moyen de ce qu'ils avoient de grands dé-
tours à prendre par les montagnes les plus escarpées , ils partirent d'avance avec ordre de se
réunir au col de Braus.

Le général *Anselme* , accompagné du général *Brunet* et de l'adjudant-général *Millet-
Mureau* , marcha avec la colonne du centre
composée du soixante-douzième et d'une artillerie qui se réduisoit à deux pièces de quatre ,
le surplus ayant suivi les deux autres corps de
troupes. Les colonnes arrivèrent au même endroit et presqu'au même instant , par des chemins très difficiles , après une marche longue
et pénible. A peine nos troupes réunies paru-
rent-elles sur la hauteur de Braus , qui domine
le vallon de Sospello , que l'ennemi se mit
en mouvement , et l'instant d'après on le vit
sortir en colonne , occupant toute la chaussée,
et gagner le col de Perrus vers Saorgio. Le général *Anselme* fit sur-le-champ avancer l'artil-

lerie pour canonner cette colonne , et il envoya
à sa poursuite les troupes légères , qui joignirent l'arrière-garde à une lieue au-delà de Sospello , où il s'établit une fusillade assez vive.
Une demi-heure après nos troupes entrèrent
dans Sospello , dont on reprit possession.

Le 20 à la pointe du jour , *Anselme* ayant
appris que les ennemis s'étoient également
portés en force du côté de Lucerana et de Berra,
dont ils s'étoient rendus maîtres deux jours
auparavant, ce qui pouvoit mettre la communication avec Nice dans le plus grand danger , il
se détermina à s'y porter avec huit compagnies
de grenadiers , et il laissa au général *Brunet*
le reste de ses forces, et l'artillerie qu'il avoit
amenée de Sospello. Arrivé à Lescarena, il fut
informé que la veille les avant-postes de l'ennemi, qui étoient à Berra, avoient établi une
fusillade , et que nous avions eu deux hommes
de tués , dont l'un étoit officier du second bataillon de l'Hérault, et quelques blessés. D'après
cet avis il se transporta sur les hauteurs environnantes pour en faire la reconnoissance , et
il fit monter du canon sur des rochers presque
inaccessibles ; l'ennemi se contenta de tirer
quelques coups de carabine.

Le 21 il fit ses dispositions pour attaquer Berra
et Lucerana , et par suite il fit venir de Nice le
bataillon du soixante-unième , le quatrième de
la

la Drôme , quatre compagnies d'infanterie légère et quelques piquets.

Les ordres étoient donnés pour que les
colonnes fussent en marche le 22 , à trois
heures du matin , afin d'attaquer au point
du jour : mais l'ennemi ayant jugé de nos
forces par les dispositions qu'il voyoit faire ,
ne voulut pas en attendre l'effet, et profita de
la nuit pour s'enfuir par les montagnes ,
qui sont si escarpées que les Barbets pouvoient
seuls leur indiquer les endroits praticables ,
ce qui donna une très-grande défaveur pour
lui couper la retraite. On fit cependant vingt
prisonniers, et il y eut plusieurs Piémontais
de tués et de blessés.

L'ennemi fit encore une nouvelle tentative
pour se rapprocher de Sospello ; il vint établir
un camp sur les hauteurs. *Anselme* fit à l'instant marcher quinze cents hommes , qui mirent l'ennemi en fuite et prirent le camp tout
tendu. L'impossibilité de les atteindre dans
les montagnes , les rigueurs de la saison et
le dénuement de l'armée , qui manquoit de
tout, excepté de vivres , la réduisirent à se
tenir en observation jusqu'à ce que de nouveaux approvisionnemens et une température
plus radoucie la missent en état de faire de
nouvelles entreprises. Elle reçut vers le milieu
de décembre un renfort de six mille Mar-

Année 1792.   P

seillais , commandé par le général *Saint-Hilaire.*

Quoique je me sois fait une loi de ne citer aucune action individuelle , dans la crainte de devenir injuste par quelque omission et parce que mon exactitude rendroit. d'ailleurs ce travail trop volumineux par l'abondance du sujet, je ne puis cependant résister au désir de rapporter le trait suivant , qui par sa nature mérite de faire exception.

Dans la journée du 22 novembre , et pendant l'attaque de Berra , le citoyen *Joseph Graille* , grenadier du second bataillon des Bouches-du-Rhône , poursuivoit avec chaleur dans les montagnes quelques miliciens du pays dont le feu avoit fortement incommodé nos troupes. Il avoit déjà tiré plusieurs coups de fusil sur l'un d'eux qui étoit resté plus en arrière , lorsqu'il rencontra un enfant qui pleuroit et crioit après son père, dont, par un sentiment bien naturel , il avoit retardé la marche. *Joseph Graille* attendri, met sur ses épaules cet enfant qui ne pouvoit plus se soutenir , et continue pendant quelque temps à poursuivre le père , qui voyant son fils dans les mains de celui qui le poursuivoit , s'éloigna avec plus de vîtesse.

Le bataillon rentra dans Nice après la prise de Berra , et *Joseph Graille* y conduisit avec

lui sa précieuse conquête, qu'il avoit adoptée
pour son fils et pour laquelle il avoit réellement
tous les soins d'un père ; mais ce tendre attachement fut rompu quelques jours après par l'apparition de la mère, qui vint réclamer son enfant.
Joseph Graille le rendit après l'avoir embrassé plusieurs fois, et ne voulut d'autre ré-
compense de son action, qui fut publiée par
ses camarades, que le témoignage de sa cons-
cience.

Ce trait, dont la vérité m'est attestée par un
témoin digne de foi, et une infinité d'autres aussi
méritans qui se reproduisoient chaque jour dans
l'armée, démentent tout ce qu'ont pu dire les
hommes intéressés à nous dégrader chez l'étranger, et leurs affidés, qui dans le sein même de
l'intérieur s'efforçoient d'affoiblir l'éclat de nos
succès par des rapports concertés. Ils prouvent
en outre qu'à de très-foibles exceptions près,
le soldat français sait allier la bravoure du
guerrier aux vertus de l'homme sensible, et
qu'aucun genre d'héroïsme ne lui est étranger.

Je terminerai ce chapitre par quelques réflexions sur les deux campagnes que je viens de
détailler. Elles me paroissent d'autant mieux
placées, que l'éclat des victoires remportées
depuis ayant fait oublier une grande partie de
leur mérite, il est nécessaire d'en rappeler le
souvenir, afin de rendre une justice égale et

complette à tous ceux qui ont coopéré à la guerre actuelle.

La première de ces campagnes, en démontrant, par la conduite de l'ennemi, qu'il n'est point de petites fautes dans notre métier, et que la plus légère peut déranger l'exécution des plans les mieux concertés, nous fournit en mêmetemps la preuve des avantages qu'il est possible de retirer d'une défensive dirigée par un chef intelligent, et soutenue par des troupes valeureuses.

Il seroit effectivement très-difficile d'appercevoir entre l'appareil imposant que les puissances coalisées déployoient contre nous à l'entrée de la campagne d'été, et la foiblesse des moyens que nous avions à leur opposer, cette égalité de chances qui peut seule encourager les deux partis combattans.

L'enthousiasme du moment nous empêchoit alors de sentir toute l'étendue du danger qui menaçoit la patrie : mais il est aisé de la saisir aujourd'hui que la chaleur des esprits s'est un peu ralentie, et que l'éloignement des époques nous permet de réfléchir avec plus de sang-froid sur les événemens qui ont marqué chacune d'elles.

Cent trente-cinq mille hommes des meilleures troupes de l'Europe, parmi lesquelles il s'en trouvoit une très-grande partie soldée par l'Autriche, et qui venoit de faire contre les Turcs une guerre signalée par des victoires

importantes, se présentoient sur notre territoire, et déjà même elles l'avoient entamé.

Pour repousser leurs efforts nous n'avions
que des régimens désorganisés ou des bataillons de nouvelle levée, et très-peu de généraux qui eussent fait la guerre et qui fussent
en état de commander en chef.

Abstraction faite du délâbrement de nos forteresses, l'ennemi pouvoit aisément éluder l'effet
de cette barrière en masquant chacune d'elles,
comme il avoit déjà commencé de le faire à
l'égard de quelques unes, et le passage de
quatre ou cinq défilés qu'aucune troupe ne
gardoit, l'amenoit en deux ou trois marches
dans le sein de la France, et de suite aux portes de Paris, sans qu'il se rencontrât un seul
point militaire assez avantageux pour l'arrêter.

Le sort de la France, que l'on ne pouvoit
cependant confier à l'événement plus qu'in-
certain d'une bataille, dépendoit donc de la
bravoure de ses habitans, de l'imprudence de
ses ennemis, et du succès de quelques combinaisons dont une foule de hasards pouvoit déranger l'exécution, et qui étoient d'ailleurs
contrariés par la jalousie, par l'ignorance, et
par l'esprit de parti.

Il est aujourd'hui moins que jamais permis
d'élever un doute sur la valeur du Français,
puisqu'elle est avouée par toute l'Europe, et

P 3

même · par les Anglais du parti de monsieur
Pitt. Mais la bravoure auroit-elle suffi pour
repousser l'irruption des forces coalisées ? et
quand tout ce que la France avoit d'habitans
en état de soutenir le poids d'un mousquet ou
de manier un sabre auroit pris les armes,
quel effet auroit produit ce tumultueux rassemblement contre une troupe aguerrie, dont tous
les mouvemens dirigés par les règles de la tac-
tique, devoient nécessairement produire cet
ensemble qui centuple les forces de tout corps
organisé? La majeure partie de ceux qui alloient
à la frontière, se présentoit plutôt avec l'intention de s'ensévelir sous les ruines du nom
français, et de ne pas survivre à la perte de
la liberté, dont la conquête étoit si opiniâtre-
ment disputée de part et d'autre, qu'avec l'espérance d'arrêter, par leur dévouement, la
marche triomphante d'une armée dont le besoin
de la vengeance, les fureurs de l'ambition, et
la soif du pillage provoquoient l'acharnement.

Français ! nous devons rendre graces à la
passion qui aveugla nos ennemis, qui leur
suggéra le faux calcul de temporiser dans l'Argonne, et qui leur déguisa le danger d'attendre sous les murs de Verdun l'effet des mesures
que la perfidie préparoit sourdement dans l'intérieur pour leur assurer les moyens de nous
subjuguer sans nous combattre.

Nous n'en devons pas de moins réelles à cette jeunesse qu'un mouvement spontané réunit sous les drapeaux de la Patrie ; les momens qu'elle a passés dans la Champagne, pour y faire son apprentissage, ne présentoient pas moins de dangers que ceux qui ont signalé depuis tout le degré d'instruction qu'elle acquit dans cette expédition délicate, et sa gloire commence à datter du premier instant où elle plaça ses bayonnettes entre la France et les puissances coalisées. On étoit alors bien loin de prévoir la série des victoires qui ont mis le peuple français en état de reprendre le rang qu'il doit occuper dans l'ordre social : mais quel qu'ait été le résultat de ses progrès successifs, ils ne feront jamais oublier les difficultés qu'elle fut obligée de vaincre dans son début.

Nous en devons pareillement à *Dumouriez*, malgré ses torts ultérieurs. Si l'impartialité de l'histoire m'impose l'obligation de vous le présenter tel qu'il fut à Saint-Amand, et depuis la défaite de Néerwinde, elle me prescrit en même temps celle de fixer votre opinion sur les services qu'il nous a rendus.

La levée du camp de Sedan, la marche sur Stenai, exécutée pour cacher au général *Clairfait* l'intention qu'il avoit de s'emparer des défilés de l'Argonne et pour empêcher qu'il ne le contrariât ou ne le prévînt même dans cette opération hasar-

P 4

deuse; la hardiesse de sa retraite de Grand-Pré,
le choix qu'il fit de la position de Sainte-Ménehould, et jusqu'à son opiniâtreté à rester dans
ce poste malgré les efforts qui furent employés pour le décider à l'abandonner; tout
ce qu'il fit en un mot dans le cours de cette
campagne, pour sauver la France du danger
qui la menaçoit, annoncent de grands talens,
des connoissances militaires qui nous ont été
très-utiles, et dont nous devons regretter qu'il
n'ait pas fait par la suite un meilleur emploi.

Je trouve dans son expédition sur la Champagne, bien plus de mérite que dans celle qu'il
fit peu de temps après sur la Belgique.

Il étoit plus difficile en effet de conserver
l'intégralité du territoire français convoité
par l'ambition de plusieurs puissances ennemies, attaqué par des forces infiniment supérieures et défendu par des recrues, que de
conquérir celui de la Belgique sur les débris
d'une armée en déroute, avec des troupes qu'il
aguerrissoit en leur faisant contracter l'habi-
tude de la victoire.

Cependant si la campagne qui venoit de se terminer est un chef-d'œuvre dans son genre, celle
qui la suivit n'en est pas moins un dans le sien.
Leur ensemble présente le contraste le plus
parfait de la guerre défensive et de l'offensive.

Il fallut mettre dans la première plus de prudence que d'activité ; dans plusieurs occasions de la seconde , il devint indispensable de porter la bravoure jusqu'à la témérité ; dans toutes les deux on fut obligé de neutraliser les manœuvres de l'intrigue , qui étoient bien plus redoutables que le fer de l'ennemi.

Aussi la variété des circonstances eut-elle une très-grande influence sur la conduite de nos troupes : c'est elle qui nécessita leur immobilité pendant la canonnade de Valmi, qui les porta au pas de charge dans les batteries retranchées de Jemmappes , et qui dirigea depuis la marche qu'elles devoient suivre pendant le peu de temps qui fut employé à conquérir toutes les possessions autrichiennes dans les Pays-Bas.

L'essentiel étoit de saisir les nuances , et de les approprier aux besoins du moment , d'entretenir ce premier feu que l'inexpérience pouvoit rendre très-dangereux, et sur-tout de ne rien aventurer , parce que le moindre échec provoquoit la défiance et opéroit le découragement.

Cette tâche n'étoit cependant pas aussi difficile à remplir que l'on pourroit se le figurer, car il suffisoit de suivre le soldat français dans ses camps et dans ses bivouacs pour se former une juste idée du ressort que l'enthousiasme de la liberté lui donnoit. Il fixa dès les

premiers instans de sa réunion, la légèreté
de son caractère, et le rendit susceptible
d'une patience qui ne lui est pas naturelle, et
que des obstacles de toutes espèces mirent souvent à l'épreuve. Les désagrémens et les rigueurs de la saison, le dénuement absolu qu'il
éprouvoit dans tous ses genres de besoins, le
découragement que l'on semoit à chaque instant
sous ses pas, ne furent pas des obstacles suffisans pour arrêter son ardeur; rien ne put le
distraire de l'objet pour lequel il avoit quitté
ses foyers. La défense de son pays et la poursuite de l'ennemi qui avoit menacé de l'en-
vahir, l'occupèrent uniquement; et ce sentiment généreux qui le tenoit toujours disposé
à faire les plus grands efforts et les sacrifices les
plus pénibles, sagement mis à profit par ses
chefs, ne s'est pas affoibli un seul instant pendant tout le cours de la carrière dont je me
suis chargé de décrire les différentes périodes.

Il falloit toute l'activité de ce ressort pour
parer aux dangers dont il nous a garantis. Sa
conduite dans les dernières campagnes à été
brillante, glorieuse et utile : mais dans la première, ce n'étoit pas seulement à la gloire qu'il
falloit viser; il s'agissoit non pas de faire la
loi à l'Europe, mais de fixer le destin de la
France, et de conserver son existence politique.
Subordonnée à l'exécution du traité de Pavie,

elle ne tenoit plus qu'à un fil, et son anéantis-
sement dépendoit du plus ou du moins de célérité que les puissances coalisées pouvoient
mettre dans le passage des défilés de l'Argonne;
car leurs succès étoient infaillibles dès l'instant
où parvenus dans la plaine ils se seroient trouvés en état de donner du déploiement à leurs
forces, et de leur procurer les subsistances que
les rives de la Marne fournissent abondamment.

Dumouriez a été le premier, et peut-être le
seul de tous les anciens militaires, qui, rendant justice à la bravoure nationale, ait calculé, malgré les apparences qui s'élevoient
contre les succès de cette guerre à l'instant où
nous fumes obligés de l'entreprendre, tout le
parti que l'on pouvoit tirer du soldat français,
et l'effet que l'exemple des vieux corps devoit
produire sur les bataillons de nouvelle levée.

Je ne m'aveugle ni sur la nature de ses vues,
ni sur l'ambition des motifs qui le dirigèrent.
Je serai forcé, dans la campagne suivante, de
donner sur son compte des détails moins satisfaisans : mais je ne pourrois, sans trahir la
vérité, me dispenser de convenir qu'il pré-
para dans celles-ci les triomphes des généraux
qui l'ont successivement remplacé, en démontrant, par une expérience très-brillante, qu'à-
vec des hommes de la trempe du soldat républicain, il n'est pas d'entreprise, quelques

difficultés, quelques périls qu'elle présente, que l'on ne puisse hasarder.

Kellermann le seconda vigoureusement dans la Champagne, et *Custines*, qui le rivalisoit sur le Rhin, auroit solidement établi nos affaires sur ce point, si l'ambition dont il étoit comme lui dévoré, n'avoit pas dérangé le concert qui devoit régner entre eux, et contrarié l'effet des mesures établies pour le succès de leurs opérations respectives. La majeure partie des généraux qui servirent sous les ordres de ces trois chefs, contribuèrent à leurs succès par tous les moyens que l'on pouvoit espérer de leur zèle ; très-peu d'entre eux démentirent l'opinion qui leur avoit procuré de l'emploi, et si la vérité ne me permet pas de faire généralement l'éloge de leur bonne-foi politique, elle me laisse du moins une latitude satisfaisante sur leur conduite militaire.

Les armes françaises furent aussi heureuses dans le Midi que dans Nord pendant le cours de ces deux campagnes. Le général *Montesquiou* débuta par une conquête qui a formé la première réunion territoriale que la République ait acquise pendant le cours de cette guerre, et par l'effet de ses résultats. Son invasion dans la Savoie fut aussi rapide que sagement combinée ; elle faisoit espérer de sa part une conduite mieux soutenue. Je ne hasar-

derai pas de le condamner sans preuves : mais
le gouvernement, qui crut avoir à se plaindre
de lui, le remplaça, comme je l'ai dit plus
haut, par *Kellermann*, dont la marche ne fut
pas plus active sur ce point, qu'elle ne l'avoit
été sur la Moselle.

Anselme et *Truguet*, qui commandoient du
côté du Var et sur la Méditérannée, jettèrent
les premiers fondemens de la gloire que nos
camarades ont acquise depuis en Italie sous
les ordres du général *Buonaparte*.

Jusqu'à l'époque à laquelle je suis maintenant
parvenu, je n'ai eu que des avantages à détailler. La fortune est inconstante ; ses caprices
sont encore plus marquans dans les chances de
la guerre que dans toutes les autres circonstances de la vie humaine. L'instant approche
où je me trouverai dans l'obligation de présenter des revers, et même de faire connoître
des fautes graves. Il falloit qu'elle eût jusqu'a-
lors une prédilection bien réelle pour la nation
française, car les succès qu'elle leur accorda
étoient tellement contrariés par toutes les vrai-
semblances, qu'ils doivent être regardés comme
des faveurs signalées.

La composition de nos armées étoit effectivement si singulière, que les espérances de
l'ennemi paroissoient fondées sur tous les calculs de la probabilité, et qu'il est peut-être en

quelque sorte excusable d'avoir compté, pour nous vaincre, plutôt sur notre impéritie, que sur la force de ses armes. Quelques préventions et un peu d'intrigue suffisoient pour placer un homme à la tête du premier corps dans lequel il avoit eu l'adresse de se faire un parti ; et moi même le premier, je sortois d'un bureau pour prendre des commandemens très-importans, quoique subordonnés.

Ce mode d'avancement, quelque vicieux qu'il pût être, a cependant produit d'excellens chefs et des généraux qui ont bien servi. Malgré la jalousie de métier, en dépit même de la malveillance, on est forcé de convenir que les choix n'ont pas toujours été aveugles, et que parmi ceux qui se sont élevés avec le plus de rapidité, il en est très-peu que l'homme le plus caustique et le plus présomptueux pût se flatter de remplacer avec avantage.

Si l'expérience manquoit au premier moment, la bonne volonté suppléoit, et les connoissances ne tardoient pas à s'acquérir. On faisoit des fautes, mais elle contribuoient à notre instruction, et l'expérience de la veille servoit pour le lendemain.

Jai cru devoir entrer dans tous ces détails, pour donner une idée des difficultés qu'il a fallu vaincre au commencement de la guerre, et pour mettre le lecteur à portée d'apprécier les premières campagnes ; ils m'ont d'ailleurs paru nécessaires, pour démentir tous les faux bruits qui se répandirent dans le temps, et que je trouve encore aujourd'hui dans la bouche de certaines gens, sur la manière dont on s'est battu.

Je conviendrai de bonne-foi que plusieurs de nos opérations ont été faites dans le désordre, que la majeure partie des soldats et des chefs n'avoient, dans le principe, que de très-foibles notions du métier, et que notre ordre de bataille n'étoit pas alors dirigé aussi méthodiquement que celui de l'ennemi ; j'ajouterai même qu'il avoit sur nous, pour l'exécution de ses feux, et particulièrement dans celle de la mousquetterie, une supériorité écrasante, et que sa cavalerie, qui étoit bien plus formidable et d'ailleurs d'une meilleure espèce que la nôtre, a pendant très-long-temps fait une si vive impression sur notre infanterie, que sa seule apparition suffisoit pour jeter la confusion et l'effroi dans nos rangs.

Mais ces vérités donnent aux premières campagnes un mérite d'autant plus réel, que malgré tous ces obstacles, elles se sont glorieusement soutenues, et qu'elles ont formé la majeure partie des soldats dont la bravoure à immortalisé le nom français sous les ordres de *Jourdan*, de *Hoche*, de *Pichegru*, de *Moreau*,

de tant d'autres dont la nomenclature seroit
trop longue pour trouver place ici, et sur-tout
sous ceux du héros de l'Italie, qui est trop
grand pour ne pas être le premier à reconnoître
que ses prédécesseurs avoient aguerri les troupes qui l'ont aidé à jetter un nouveau lustre
sur les armes de la grande nation.

Il faut en outre convenir que nos premiers
succès n'auroient pas été durables, et que nos
revers, en devenant très-funestes, nous auroient
peut-être empêché d'en obtenir de nouveaux,
si la variation des chances n'avoit pas mis le
gouvernement à portée de reconnoître la nécessité d'établir l'ordre et l'ensemble qui man-
quoient absolument lorsque nous sommes
entrés en campagne, et jusqu'après l'évacuation de la Belgique. Ce que j'ai dit de *Custines*,
de *Kellermann*, et les détails qui me seront
fournis par les opérations de la campagne suivante, et sur-tout par celles qui ont trait à la
Vendée, le démontreront évidemment. Mais à
cette époque on devint assez sage pour profiter
de l'expérience que l'on venoit d'acquérir; et
l'on sentit qu'il falloit mettre une autorité supérieure à la place du caprice des généraux,
et principalement à celle du despotisme que *Du-*
mouriez exerçoit sur toutes les opérations militaires, et qu'il étendoit même jusques sur celles
du gouvernement. Il est vrai que la fermeté
qu'il

qu'il mit dans ses prétentions, tendit le ressort
dont nous avions besoin pour faire aller la
machine , et que sous ce rapport l'ascendant
qu'il avoit pris nous auroit été plus utile que
préjudiciable , s'il n'étoit pas sorti des bornes
que les devoirs de sa place et les besoins du
service lui prescrivoient. Ses incartades s'ac-
crurent en proportion des progrès qu'il faisoit
sur l'ennemi , et la fougue de son ambition le
porta jusqu'à vouloir asservir la nation , pour
substituer sa volonté à celle de la loi; il crut à
la fin qu'il étoit au-dessous de lui de dissimuler. La publicité de ses projets, qui fait époque
dans l'histoire, remit l'autorité militaire dans
les mains du gouvernement.

Cette partie de mes réflexions, qui paroît an-
ticiper sur les événemens et m'écarter des deux
campagnes de 1792, ne leur est cependant pas
absolument étrangère ; je les place ici parce
qu'elles tendent à confirmer l'opinion que l'on
doit avoir sur les circonstances du moment :
elles étoient si embarrassantes , que la Convention nationale, pour mettre un terme aux fluc-
tuations résultantes de l'inertie du ministère ,
qui entravèrent dès le principe les opérations
de la guerre , fut obligée d'établir un comité de
salut public et de lui confier le timon des affaires.
J'aurai fréquemment occasion de m'étendre ,
dans les chapitres suivans , sur les avantages

Année 1792. Q

qui résultèrent de cet établissement pour la
partie militaire : je démontrerai que si *Carnot*,
qui la dirigeoit, n'avoit pas été supplanté par
Aubry, nous jouirions depuis plus de deux
ans, d'une paix solide et générale, avec le
Rhin pour limite.

J'espère qu'une autre plume que la mienne
sondera la profondeur de l'intrigue qui a reculé
cette époque si désirée, tandis que je parcou-
rerai le champ d'honneur illustré par nos camarades, sous la conduite de *Pichegru*, *Jourdan*, *Moreau* et *Buonaparte*.

On sera peut-être surpris de m'entendre répéter
avec éloge des noms frappés par la loi : mais je
m'écarterois de l'impartialité qui doit toujours
diriger l'historien, si je regardois les torts politiques comme des motifs suffisans pour empêcher de rendre hommage au mérite et à l'éclat
des actions militaires. Je ne sacrifierai point la
vérité au désir de me concilier la complaisance
d'aucune classe de mes lecteurs, et suis très-fer-
mement décidé à jouir de la même indépen-
dance que si j'écrivois à une époque éloignée de
quelques siécles de celle où les faits que je présente se sont passés.

Fin des Campagnes de 1792.

NOTICE GÉOGRAPHIQUE (1)

De tous les lieux cités dans les deux campagnes de 1792.

A.

ACHE, village de la Belgique, avec une lisière de bois se prolongeant à deux lieues de Namur, sur la gauche du chemin qui conduit à Louvain.

AIRE, rivière qui prend sa source entre Toul et Bar-sur-Ornain, et vient se jetter dans l'Aisne entre Grand-pré et Autry.

AISNE, l'un des départemens de la République française, dont le chef-lieu est Laon, et qui est borné par les départemens du Nord, du Pas-de-Calais, de la Somme, de l'Oise, de Seine et Marne, et des Ardennes.

AISNE, rivière qui prend sa source dans la ci-devant Champagne, et tombe dans l'Oise au-dessus de Compiègne.

AIX-LA-CHAPELLE, ville de la Belgique, située entre Maestricht, Juliers et Limbourg.

ALDENAER, petite ville située à trois lieues du Rhin, sur la rive gauche de ce fleuve, entre Bonn et Coblentz.

---

(1) Pour rendre cette notice plus intelligible, j'ai été obligé de me servir des dénominations que chaque pays portoit dans le cours de la guerre, sans m'attacher scrupuleusement aux changemens que le cours des événemens a occasionnés.

Q 2

Alden-Hoven, ville de la Belgique, près de la Roër, et sur la gauche de la route qui conduit de Juliers à Maestricht.

Allemagne, pays situé au centre de l'Europe et borné par la Hongrie, la Pologne, la mer Baltique, le Dannemarck, les Pays-Bas et la France, dont elle est séparée par le Rhin, la Suisse et l'Italie.

Anderlecht, village de la Belgique, situé sur la hauteur d'un plateau qui borde la gauche de la route de Hall à Bruxelles.

Annecy, ville de Savoie, située sur le lac qui porte son nom, entre Genève et Chambéry.

Ansemont, village situé sur la Meuse, au-dessus de Verdun.

Anspack, ville d'Allemagne, sur la rivière qui porte son nom, entre la Souabe, la Franconie, dont elle fait partie, les électorats de Mayence et du Rhin, et le Wirtemberg.

Anvers, ville de la Belgique, située sur l'Escaut, entre le Brabant autrichien et le Brabant hollandais.

Apresmont, forteresse située sur la frontière de France et de Savoie, entre Grenoble et Chambéry.

Ardennes, l'un des départemens de la République française, dont le chef-lieu est Mézières, et qui est borné par les départemens de l'Aisne, de la Marne, de la Meuse, et par ceux des Forêts, de l'Ourthe et de Jemmappes.

Ardennes, grande forêt située dans le voisinage de la Meuse, vers Rocroi et Charlemont; elle donnoit son nom au pays qui l'environne, et le donne encore aujourd'hui à l'un des départemens de la République.

ARGONNE, contrée de France, située entre la Meuse, la
Marne et l'Aisne ; elle est pour la majeure
partie couverte de bois et coupée par des défilés.

ARMOISES (les), village de France, à trois lieues de la
Meuse, sur la rive gauche, entre Sedan et
Mouzon.

ASPREMONT, village situé entre l'Aisne et l'Aire, près
de Grand-pré.

ATH, ville de la Belgique, sur la route de Tournai à
Bruxelles.

ATTIGNY, village situé sur l'Aisne, entre Rhetel et Vouziers.

AUTRICHE, contrée d'Allemagne qui donne son nom à la
famille de l'empereur actuel d'Allemagne.

AUTRY, petite ville située sur la rive gauche de l'Aisne, près
de Grand-pré.

AUVE, ruisseau qui tombe dans l'Aisne, vis-à-vis Sainte-
Ménehould.

AUVE, village situé à la source du ruisseau du même nom,
entre Châlons et Sainte-Ménehould.

B.

BAIZIEUX, village situé à deux lieues de Lille, sur la
route de Tournai.

BAR-SUR-ORNAIN, ci-devant BAR-LE-DUC, ville de France,
située entre Vitri et Saint-Mihiel.

BARRAULT (fort), place forte située sur l'Isère, à huit
lieues de Grenoble, trois de Chambéry, et deux
de Montmélian.

BAREITH, ville et principauté d'Allemagne, entre Nurem-
berg, Anspack, Bamberg, Cullemback et
Amberg.

BATTEL, village situé près de Malines, sur la rive gauche
de la Dyle.

BAUTERSEIM, village situé sur la gauche de la route de

Louvain à Tirlemont, à-peu-près à moitié che-min de ces deux villes.

Bavai, ville frontière de France et de Belgique, située entre Maubeuge et Valenciennes.

Beauregard, village situé sur la rive droite de l'Aire, près de Grand-pré.

Belgique, pays situé entre la France, la Mer, la Hollande et l'Allemagne.

Bellegarde, fort situé sur la frontière de France et de Savoie, entre Chambéry et Grenoble.

Bergstrass, pays d'Allemagne, situé entre Mayence, Francfort et Worms, entre la rive droite du Rhin et la gauche du Mein.

Berlière (la), village situé entre la Meuse et l'Aisne, près de la route de Stenai à Vouziers.

Bernissart, village de la Belgique, qui est entouré de bois situés sur la rive droite de l'Haisne, en avant de Condé.

Berra, petite ville du ci-devant comté de Nice, située au pied des montagnes qui forment la source du Paillon, entre Nice et Lescarena.

Berthaumont, hauteurs situées au-dessus de Mons, sur la rive gauche de l'Haisne.

Berzieux, village de France, situé entre les ruisseaux de l'Auve et de l'Hans, et entre les villages de Sainte-Ménehould et Châlons.

Biberick, ville du Rhinsgaw, située entre Mayence et Coblentz, sur la rive droite du Rhin.

Binch, ville de la Belgique, entre Mons et Charleroi.

Bingen, ville du Palatinat, située entre Mayence et Coblentz, sur la rive gauche du Rhin.

Bionne, ruisseau qui tombe dans l'Aisne au-dessous de Sainte-Ménehould.

BLATON, village de la Belgique, entre Condé et Ath.

BOCHENHEIM, village situé sur le côté de Francfort, entre le Mein et la Nidda.

BOISCORNET, village situé sur la rive gauche de l'Aisne, près Autry.

BOIS-LE-DUC, ville du Brabant hollandais, située sur la Dommel, un peu au-dessus de sa jonction avec la Meuse.

BONN, ville d'Allemagne, sur la rive gauche du Rhin, entre Coblentz et Cologne.

BOSSU, village de la Belgique, entre Mons et Valenciennes, au-dessous de Saint-Ghislain.

BOUCHAIN, ville de France, frontière de la Belgique, sur l'Escaut, entre Cambrai et Valenciennes.

BOUT-AUX-BOIS, bourg de France, situé sur le chemin de Vouziers à Busancy.

BOUVINES, bourg frontière de France et de Belgique, sur la Marque, à droite de la route de Lille à Tournai, et sur le chemin de terre qui conduit de Lille à Valenciennes.

BRAUS, passage des montagnes du ci-devant comté de Nice, situé sur la gauche de la route de Coni, entre Lescarena et Sospello.

BRAUX (Sainte-Cohère), village situé entre les ruisseaux de l'Auve et de l'Hans, et entre les villes de Sainte-Ménehould et Châlons.

BREST, ville de France et port de mer sur les côtes de l'Océan, dans le département du Finistère.

BRIQUENAI, bourg de France, situé à deux lieues de Grand-pré, sur la droite de la route qui conduit de Rheims à Stenai.

BRISGAW, pays d'Allemagne, dans le cercle de Souabe, sur les bords du Rhin, qui le sépare de l'Alsace.

Q 4

Bbouennes, village situé sur la rive gauche de la Chiers, entre Montmédi et Carignan.

Bruges, ville de la West-Flandre, à huit lieues de Gand et trois de la mer.

Bruille, village situé sur la rive gauche de l'Escaut, bordant le chemin qui conduit de Condé à Tournai.

Bruxelles, ville de la Belgique, sur la Senne.

Bury, bourg de la Belgique, entre Leuze et Condé, sur la gauche de la route qui conduit de Tournai à Ath.

Buzancy, bourg de France, sur la route de Stenai à Rheims.

C.

Cambrai, ville de France, sur l'Escaut.

Campenhout, village de la Belgique, situé à gauche de la chaussée qui conduit de Louvain à Malines.

Campine, portion du Brabant hollandais, située entre le pays de Liège, le marquisat d'Anvers, le territoire de Bois-le-Duc, la Gueldre prussienne, et les pays de Juliers et de Limbourg.

Careignon, village de la Belgique, situé sur les hauteurs qui environnent Mons, à une lieue au-dessous de cette ville, sur la gauche de la route qui conduit à Valenciennes.

Carignan (ou Yvoi) petite ville de France, frontière de Luxembourg, sur la Chiers, entre Sedan et Montmédi.

Carouble, village situé à deux lieues et demie au-dessus de Valenciennes, sur la route de Mons, à-peu-près à moitié chemin de Quiévrain.

Carouge, ville située à une demi-lieue de Genève, sur

la rivière d'Arve, et sur la route qui conduit
à Chambéry.

CASSEL , forteresse située sur la rive droite du Rhin , servant de tête de pont à Mayence.

CERNEI , petite ville située sur la rive gauche de l'Aisne ;
au-dessus d'Autry, entre Sainte-Ménehould et
Vouziers , et à huit lieues en côté de Rheims.

CHABLAIS, pays de la ci-devant Savoie, situé entre le lac
de Genève , le Valais , le Faucigny et l'état de
Genève.

CHALLADE , suffisamment désignée dans le texte.

CHALONS , ville de France , située sur la Marne , entre
Rheims et Vitri.

CHAMBÉRY , ville de la ci-devant Savoie, située à onze
lieues de Grenoble, et seize de Genève.

CHAMPAGNE (la) , l'une des ci-devant provinces de la
France, aujourd'hui partagée en plusieurs départemens ; elle étoit bornée par les ci-devant
provinces de Hainaut, Luxembourg, Lorraine ,
Franche - Comté , Bourgogne, Isle-de-France
et Soissonnais.

CHAMPAGNE (la Champagne propre), l'une des huit parties de la ci-devant Champagne , qui comprend
les villes de Troyes , Sainte-Ménehould, Épernai et Vertus.

CHAMPAGNE , (la Champagne pouilleuse), partie de la
Champagne propre , située entre la Marne et
l'Aisne.

CHAPAREILLAN, fort situé sur le frontière de France et
de Savoie , et sur la hauteur qui borde la route
de Grenoble à Chambéry.

CHARLEROI , ville de la Belgique , sur la Sambre , entre
Mons et Namur.

CHARTREUSE, fortifications établies sur les hauteurs qui
        dominent la ville de Liège, de l'autre côté de
        la Meuse.

CHATEAU-L'ABBAYE, poste que nos troupes ont occupé à
        plusieurs reprises pendant le cours de la guerre,
        situé entre la Scarpe et l'Escaut, dans le voisi-
        nage de Moitagne et du camp de Maulde, à
        portée de celui de Bruille, et à-peu-près à la
        moitié du chemin de Condé à Tournai.

CHATEL, village situé entre l'Aisne et l'Aire, près de
        Grand-pré.

CHÊNE-POPULEUX, bourg de France, situé entre Sedan,
        Mézières et Rethel.

CHEVIÈRES, village situé entre l'Aisne et l'Aire, près de
        Grand-pré.

CISOING, bourg et abbaye situés sur la frontière de France
        et de la Belgique, à droite de la route qui
        conduit de Lille à Tournai, et sur le chemin
        de Lille à Valenciennes.

CIVITA-VECCHIA, ville et port de mer d'Italie, situé sur
        la Méditérannée, à douze lieues au-dessus de
        Rome.

CLERMONT, ville de France, située sur l'Aisne, route
        de Verdun à Sainte-Ménehould.

CLÈVES, ville de la Gueldre, située à une lieue de la
        rive gauche du Rhin, entre Nimègue et Wesel.

COBLENTZ, ville d'Allemagne, située sur le Rhin, à sa
        jonction avec la Moselle.

COLOGNE, ville d'Allemagne, située sur la rive gauche
        du Rhin, entre Bonn et Dusseldorff.

COMINES, ville frontière de France et de la Belgique, sur
        la Lys, entre Lille et Ypres.

CONDÉ, ville de France, frontière de la Belgique, située

sur l'Escaut, sur le point où l'Haisne se réunit à lui.

CONI, ville de Piémont, située sur la route de Nice à Turin.

CONSAARBRUCK, ville de l'électorat de Trèves, située à la jonction de la Saare avec la Moselle, au-dessus de Trèves.

COORBEUK, village situé en côté de Louvain, au-dessous du Pellenbergh, et sur la gauche de la route qui conduit à Tirlemont.

CORIIMBERGH, montagne située sur la route de Bruxelles à Louvain.

CORNELIS-MUNSTER, petite ville située à deux lieues au-dessous d'Aix-la-Chapelle, sur la Dente.

COSTHEIM, petite ville située sur la rive droite du Rhin, près de Mayence, à l'angle formé par la jonction du Mein avec le Rhin, et donnant son nom à l'une des îles qui est formée par le confluent.

COURTRAI, ville de la Belgique, sur la Lys, à quatre lieues de Lille et cinq de Tournai.

CRESPIN, village de la Belgique, situé sur les bords de l'Hosneau, entre Quiévrain et Condé.

CREUTZNACH, ville d'Allemagne, sur la Nave, à huit lieues de la rive gauche du Rhin, au-dessous de Mayence.

CROIX-AUX-BOIS (la), bourg de France, situé à une lieue en avant de l'Aisne, entre Grand-pré et le Chêne-populeux.

CROIX-EN-CHAMPAGNE (la), village entre l'Auve et la Bionne, et entre les villes de Châlons et Sainte-Ménehould.

CUESMES, village de la Belgique, situé sur les hauteurs qui

environnent Mons , près de Jemmappes , sur la gauche de la route qui conduit à Valenciennes.

Cumptiche , village situé sur une hauteur , en côté de Tirlemont , à gauche de la route qui conduit de cette ville à Louvain.

D.

Dalem , petite ville de la Belgique , entre Liège et Aix-la-Chapelle.

Dammartin , village situé sur le ruisseau de Hans, qui tombe dans l'Aisne au-dessous de Sainte-Ménehould.

Dampierre , village situé entre les rivières de la Marne et de l'Aisne , et entre les villes de Vitry et de Sainte-Ménehould.

Darmstadt , ville d'Allemagne, située dans le Cercle du Haut-Rhin , à trois lieues de la rive droite, entre Worms et Mayence ; elle donne son nom au pays qui l'environne.

Dente , rivière que prend sa source dans le Limbourg et se réunit à la Roër, entre Juliers et Dueren.

Deux-Ponts , ville et pays situés entre la Saare et le Rhin ; la ville porte aussi le nom de Zwey-Bruck.

Dienne , village situé sur la Meuse , entre Verdun et Saint-Mihiel.

Diest , ville de la Belgique sur la Demer , à huit lieues nord-est de Louvain.

Dietz , ville d'Allemagne , située sur la Lahn entre Limbourg et Coblentz.

Dinant , ville de la Belgique , entre Givet et Namur , sur la Meuse.

Douai , ville de France , frontière de la Belgique , sur la Scarpe.

Dumballe , village situé sur la gauche du chemin de

Sainte-Ménehould à Verdun , entre Clermont
et Varennes.

DUN , ville de France sur la Meuse , entre Stenai et Verdun.

DUNKERQUE , ville de France et port de mer sur l'Océan ,
vis-à-vis des côtes d'Angleterre.

DUSSELDORFF , ville d'Allemagne sur la rive gauche du
Rhin , entre Cologne et Wesel.

DYLE , rivière de la Belgique , qui prend sa source dans
les environs de Nivelle , et se réunit à la Senne
au-dessous de Malines.

E.

EDESHEIM , village situé à une lieue et demie en avant de
Landau , sur la route qui conduit à Manheim
et à Mayence.

EHREINBRESTEIN , forteresse d'Allemagne , sur la rive droite
du Rhin , vis-à-vis Coblentz.

ÉLISE , village situé entre les rivières de la Marne et de
l'Aisne , et entre les villes de Vitri et de Sainte-
Ménehould.

ENGY , village situé à deux lieues de Mons , sur le chemin
qui conduit de cette ville à Bavai.

ESLONGES , village de la Belgique , situé sur la droite de la
route de Quiévrain à Mons , vis-à-vis Bossu.

ETAIM , ville de France , située sur l'Orne , entre Verdun ,
Thionville et Longwi.

ETTEINGHEIM , village situé à deux lieues en avant de
Landau.

EUPEN , ville située à deux lieues au-dessus de Limbourg ,
sur la rive droite du Vesder.

ÉVÊCHÉS (trois Évêchés) , petit pays de la ci-devant Lorraine , situé dans la circonscription des trois
villes de Metz , Toul et Verdun.

F.

FAMARS, village situé à une lieue au-dessous de Valenciennes.

FAUCIGNY, province de la ci-devant Savoie, faisant aujourd'hui partie du département du Mont-Blanc.

FERSTADT, ville du Palatinat du Rhin, située sur la gauche de la route qui conduit de Deux-Ponts à Oppenheim.

FIVES, bourg situé à un quart de lieue des glacis de Lille, sur la route de Tournai; il donne son nom à l'un des faubourgs et à l'une des portes de Lille.

FLANDRE, contrée de la Belgique, qui étoit ci-devant partagée entre la France, la maison d'Autriche, et les Hollandais, et qui est aujourd'hui réunie en entier à la République française.

FLORÉNNES, petite ville de la Belgique, située à deux lieues au-dessus de Philippeville, et à cinq au-dessous de Namur.

FORON, petite rivière qui prend sa source dans le Luxembourg, et vient se jetter dans la Meuse, entre Maestricht et Viset.

FRAMERIES, village et hauteurs situés à une lieue au-dessous de Mons.

FRANCE, pays d'Europe, situé entre la Belgique, l'Océan, l'Espagne, la Méditérannée, l'Italie, les Alpes, la Suisse et l'Allemagne.

FRANCONIE, vaste contrée de l'Allemagne, arrosée par le Mein, qui la traverse depuis sa source jusqu'à la moitié de son cours.

FRANCFORT, ville d'Allemagne, située sur le Mein au-dessus de Mayence.

FRIEDBERG, ville d'Allemagne, située sur la route de Francfort à Vetzlaër.

FURNES, ville de la Belgique, située près de la mer et sur le canal de Bruges à Dunkerque.

G.

GAND, ville de la Belgique, au confluent de l'Escaut, de la Lys, de la Liewe et de la Moere.

GÊNES, ville d'Italie, située sur la Méditérannée, au centre du golfe qui porte son nom.

GENÈVE, ville capitale d'une république, située sur le Rhône à l'extrémité du lac qui porte son nom.

GENEVOIS, petit état constitué en république, sous le nom de Genève qui en est la capitale.

GENLY, village de la Belgique, situé à deux lieues et demie au-dessous de Mons, sur la route qui conduit de cette ville à Bavai.

GERNSHEIM, ville d'Allemagne, située sur la rive droite du Rhin, entre Worms et Oppenheim.

GETTHE (grande), rivière de la Belgique, qui prend sa source entre Namur et Tirlemont, et se réunit à la Demer au-dessous d'Halen.

GETTHE (petite), rivière qui prend sa source dans les environs de la précédente, et se réunit au-dessous de Lewe ou Leau.

GHELIN, village situé à deux lieues de Mons, sur la gauche, en se dirigeant du côté d'Ath.

GHISLAIN (Saint). *voyez* Saint-Ghislain.

GISEN, ville d'Allemagne sur la Lhan, entre Marbourg et Wetzlaër.

GIVET, ville frontière de France et de la Belgique, sur la Meuse.

GIZANCOURT, village situé près du grand chemin de Verdun à Châlons, entre cette ville et Sainte-Ménehould.

GLADBECK, village situé sur le chemin de Louvain à Halen.

GLORIEUX, village situé entre l'Aire et la Meuse, près Verdun.

GRAND-PRÉ, bourg de France, situé sur la rivière d'Aire, un peu au-dessus de sa jonction avec l'Aisne, entre Sédan et Sainte-Ménehould.

GRAVE, ville du Brabant hollandais, formant la communication entre Nimègue et Bois-le-Duc.

GRÉNOBLE, ville de France, située sur l'Isère, chef-lieu du département qui porte aujourd'hui le nom de cette rivière.

GREVEN-MACKER, petite ville du Luxembourg, située sur la rive gauche de la Moselle, entre Trèves et Thionville.

GUELDRE, pays partagé entre plusieurs souverains, et dont la partie citée en cet endroit est située entre la Meuse et le Rhin.

H.

HAISNE, rivière de la Belgique, qui prend sa source près de Charleroi, et qui vient tomber dans l'Escaut à Condé, après s'être réunie à l'Hosneau.

HALEN, petite ville de la Belgique, traversée par les rivières de la Welpe et de la Getthe.

HALL, petite ville de la Belgique, située sur la Senne, et sur la route de Mons à Bruxelles.

HALLWIN, village de France, frontière de la Belgique, au-dessus de Lille, près de Menin.

HAMPTINES, bourg frontière de France et de Belgique, à une lieue au-dessus de Philippeville, sur la droite du chemin qui conduit à Florennes.

HANS, bourg de la ci-devant Champagne, sur la petite rivière qui porte son nom, entre Châlons et Sainte-Ménehould.

HELLEMMES,

HELLEMMES, village de France, situé à une demi-lieue de Lille, sur la route de Tournai.

HENIN OU HAISNIN, village de la Belgique, situé sur la rive gauche de l'Haisne, au-dessous de Saint-Ghislain, entre l'Haisne et la route de Quiévrain à Mons.

HENRI - CHAPELLE, ville du Limbourg, située sur la droite de la route de Liège à Aix-la-Chapelle.

HERMITAGE (l'), bouqueteaux de bois formant lisière en avant de Condé.

HERTIN, village de la Belgique, situé sur la droite de la route qui conduit de Lille à Tournai.

HERVE, petite ville de la Belgique, entre Liège et Aix-la-Chapelle.

HESSE-CASSEL, pays d'Allemagne, dans le cercle du haut-Rhin, borné par la Vétéravie, la Thuringe, la Westphalie, la Franconie et le pays de Brunswick.

HOCHEIM, village d'Allemagne, sur la rive gauche du Rhin, entre Mayence et Francfort.

HOECHST, petite ville d'Allemagne, située sur la rive droite du Mein, à deux lieues au-dessous de Francfort, entre cette ville et Mayence.

HOLLANDE, pays d'Europe, situé entre la Belgique, la mer qui la borde dans toute sa longueur, et le nord de l'Allemagne.

HOMBOURG, ville d'Allemagne, située à trois lieues de Francfort, entre le Mein et la Lhan.

HON, village de la Belgique, situé à une lieue au-dessus de Bavai, et sur la droite de la route qui conduit de cette ville à Mons.

HOPITAL(l'), bourg de la ci-devant Savoie, entre les montagnes et la rive droite de l'Isère, et sur la gauche de la route qui conduit d'Annecy à Montmélian.

Hosneau (l') , rivière de la Belgique , qui prend sa source sur le côté de Bavai , et vient se réunir à l'Haisne au-dessus de Condé.

Hougaerde , petite ville de la Belgique , située sur la grosse-Getthe , entre Tirlemont et Judoigne.

Hunds-ruck , petit pays du Palatinat , situé entre le Rhin, la Moselle et la Nave.

Huy , petite ville et forteresse , située sur la Meuse , entre Liège et Namur.

I.

Inor ou Yon , village de France , situé sur la rive droite de la Meuse, et sur le grand chemin de Sédan à Stenai par Mouzon.

Iron , hauteur située entre la Marne et l'Aisne , entre Châlons et Sainte-Ménehould.

Islettes , village de France , situé sur la route de Verdun à Sainte-Ménehould.

Italie , pays d'Europe , borné de trois côtés par la mer Méditérannée , et du quatrième par les Alpes.

J.

Jaar , rivière qui prend sa source au pays de Liège , et vient tomber dans la Meuse à Maestricht.

Jallam , bourg de France , situé sur la droite de la route du Quesnoi à Valenciennes.

Jemmappes , village de la Belgique , sur l'Haisne , à une demi-lieue au-dessous de Mons.

Judoigne , petite ville de la Belgique , située sur la grosse-Getthe , entre Tirlemont et Namur.

Juliers , ville de la Belgique , sur la Roër , entre Maestricht , Cologne et Ruremonde.

K.

KELL, fort situé en Allemagne, sur la rive droite du Rhin, vis-à-vis Strasbourg.

KŒNIGSTEIN, forteresse d'Allemagne, située à cinq lieues en côté de Mayence, entre le Mein et la Lahn, et sur la route de Francfort à Cologne par Limbourg.

L.

LAMAIN, bourg frontière de France et de Belgique, sur la droite de la route de Lille à Tournai.

LANÇON, village situé près d'Autry, sur la rive gauche de l'Aisne.

LANDAU, ville de France, frontière de l'Électorat du Rhin, sur la Queich.

LANDWERT ou LANGWERT, canal ou fossé tracé en forme de redans, qui vient tomber dans le Rhin au-dessus de Biberick.

LANNOY, petite ville de France, à trois lieues en côté de Lille, sur le chemin qui conduit de cette ville à Oudernaërde.

LANTABIA, ville du ci-devant comté de Nice, entre les montagnes et la mer.

LATOUR, village situé sur la gauche du chemin qui conduit de Virton à Longwi.

LAUTER, rivière qui prend sa source dans le Palatinat, et vient tomber dans le Rhin au-dessous de Lauterbourg.

LAUTERBOURG, ville de France, située à la jonction de la Lauter avec le Rhin, entre Spire et Strasbourg.

LÉPINE (Notre-Dame de), village situé sur la droite de la Marne, un peu au-dessus de Châlons.

LESCARENA, petite ville située à trois lieues au-dessus de Nice.

LEUSE, ville de la Belgique, entre Tournai et Ath, sur la route de Bruxelles.

LEWE (Saint-Pieter), village de la Belgique , situé sur la gauche de la route de Hall à Bruxelles.

LIÈGE, ville de la Belgique , située sur la Meuse , entre Maestricht et Namur.

LIER , ville du Brabant hollandais , située à la jonction des deux Nethes.

LIGNI , petite ville de France , sur l'Ornain , entre Bar et Toul.

LILLE , ville frontière de France et de la Belgique, sur la Deule.

LIMBOURG , ville d'Allemagne , située sur la Lhan , entre Weilbourg et Coblentz.

LIMBOURG, contrée de la Belgique , située entre le pays de Liège , celui de Juliers , la Gueldre prussienne et le Brabant hollandais.

LIMBOURG , ville de la Belgique , dans le pays qui porte son nom , sur le Vesder , entre Verviers et Aix-la-Chapelle.

LINGENFELD , ville du Palatinat , située sur la droite du Rhin , vis-à-vis Philisbourg , et sur la route de Landau à Spire.

LIVOURNE , ville et port de mer d'Italie , dans la Toscane.

LONGOUVRE , ruisseau qui tombe dans l'Aisne au-dessus de Grand-pré.

LONGWI, ville de France, frontière du Luxembourg, située entre Thionville et Montmédi.

LORRAINE , l'une des ci-devant provinces de France, bornée par la ci-devant Champagne , le Luxembourg , le Palatinat du Rhin , l'Allemagne , et la ci-devant Franche-Comté.

LOUVAIN , ville de la Belgique , située sur la Dyle , et dont la position forme un triangle avec celles de Bruxelles et Malines.

LUCERANA , ville du ci-devant comté de Nice , située à quelques lieues au-dessus de Nice.

LUNE (la) , hauteurs situées entre la Marne et l'Aisne ; entre les villes de Châlons et Sainte-Ménehould.

LUXEMBOURG , pays de la Belgique , situé entre la France et les pays de Trèves , Limbourg , Liège et Namur, entre la Meuse et la Moselle.

LUXEMBOURG , ville de la Belgique , située entre Trèves et Montmédi.

LYS (la) , rivière qui prend sa source dans le département du Pas-de-Calais, et va se jetter dans l'Escaut, à Gand.

M.

MADELAINE (la) , faubourg de Lille , en sortant par la porte du même nom, qui est percée sur le front de Courtrai.

MAESTRICHT , ville du Brabant hollandais , située sur la Meuse , entre Liège et Ruremonde.

MALADES , faubourg de Lille , en sortant par la porte du même nom, et sur la route qui conduit en France.

MALINES , ville de la Belgique , située sur la Dyle, entre Bruxelles et Anvers.

MALMÉDI , ville de la Belgique , à dix lieues en côté de Liège , sur la rive droite de la Meuse.

MANGIENNES , bourg et forêt situés entre la Meuse et la Chiers sur la route d'Estaim à Montmedi.

MANHEIM , ville du Palatinat , située sur le Rhin , à sa jonction avec le Necker.

MARBOURG , ville d'Allemagne , sur la Lahn , à cinq lieues de Vetzlaër.

MARCHES (les), forteresse située sur la frontière de France et de Savoie , route de Grenoble à Chambéry.

MARCHE (en Famènes) , petite ville de la Belgique , dont

R 3

la position fait un triangle avec celles de Namur et de Dinant.

MARCHIENNES, village de la Belgique, dans lequel il y avoit ci-devant une abbaye, situé sur la Scarpe, entre Douai, Saint-Amand et Orchies.

MARIENBOURG, petite ville de France, située sur l'extrême frontière, entre Rocroi et Philippeville.

MARNE, rivière qui prend sa source dans l'intérieur de la France, et qui après avoir arrosé la ci-devant Champagne, vient se jetter dans la Seine, à Charenton, près Paris.

MARQUAIN, village situé à quatre lieues de Lille sur la route de Tournai.

MARQUE, village situé entre l'Aisne et l'Aire, près Grand-pré.

MARQUE, rivière qui prend sa source dans les environs de Mons en Pevêle, entre Douai et Lille, et se jette dans la Deule, au-dessus de Lille.

MAUBEUGE, ville de France, frontière de la Belgique, sur la Sambre, entre Cambrai et Charleroi.

MAULDE, village situé sur l'Escaut, un peu au-desssus de sa réunion avec la Scarpe.

MAYENCE, ville d'Allemagne, située à la jonction du Mein avec le Rhin

MAZY, village situé entre Nivelle et Namur, sur la route de cette ville à Bruxelles.

MEERENDAEL, partie de bois qui s'étend au-dessous de Louvain, sur la rive droite de la Dyle.

MEIN (le), rivière d'Allemagne, qui prend sa source sur les frontières de Franconie, de Souabe et du Palatinat de Bavière, et vient tomber à Mayence dans le Rhin.

MELDERT, village situé en côté de Tirlemont, à deux

lieues sur la gauche de la route qui conduit de
cette ville à Tirlemont.

MENIN, ville de la Belgique, sur la Lys, à quatre lieues
au-dessous de Lille.

MERZICOURT, village situé entre l'Auve et l'Hans, entre
les villes de Châlons et Sainte-Ménehould.

METZ, ville de France, située sur la Moselle, dans la ci-
devant Lorraine.

MEURTHE, rivière de France, qui prend sa source au pied
des Vosges, et vient tomber dans la Moselle au-
dessous de Nancy.

MEURTHE (là), l'un des départemens de la République
française, dont le chef-lieu est Nancy, borné
par les départemens de la Moselle, de la
Meuse, des Vosges et du Rhin.

MEUSE (la), l'un des départemens de la République Française, dont le chef-lieu alterne entre Saint-
Mihiel et Bar-sur-Ornain, borné par les départemens des Ardennes, la Marne, la haute
Marne, les Vosges, la Meurthe, la Moselle et
les Forêts.

MEUSE, rivière qui après avoir parcouru une partie du
nord de la France, traverse la Belgique et le
midi de la Hollande, et va se jetter dans la mer
au-dessous de Rotterdam.

MIANS (Notre-Dame de), petite ville et forteresse située
sur la frontière de France et de Savoie, route
de Grenoble à Chambéry.

MOLL, village de la Campine, situé sur la grande Nethe,
entre Tirlemont et Bois-le-Duc.

MONS, ville capitale du Hainaut autrichien, sur la rivière
de l'Haisne.

MONS-EN-BARŒUL, village situé à une lieue de Lille, en

R 4

sortant par la porte Saint-Maurice, sur une hauteur qui domine le chemin qui conduit à Roubaix.

MONTABAUR, petite ville d'Allemagne, située à trois lieues de la rive droite du Rhin, vis-à-vis Coblentz.

MONTALBAN, forteresse située sur les bords de la mer, entre Nice et Villefranche.

MONTMÉDI, ville de France, frontière du Luxembourg, située sur la Chiers, à onze lieues au-dessous de Luxembourg.

MONTMÉLIAN, ville et forteresse de Savoie, sur l'Isère.

MONTREUIL, village situé sur la droite de l'Haisne, à deux lieues au-dessus de Condé.

MONT-SAINT-MICHEL, village situé entre l'Haisne et la Meuse, près de Verdun.

MORESMONT, village situé entre l'Aisne et l'Aire, en avant et sur la droite de Sainte-Menehould.

MOSELLE, rivière qui prend sa source dans la ci-devant Lorraine, et se jette dans le Rhin à Coblentz.

MOUTIERS, ville de Savoie, capitale de la Tarentaise, située sur l'Isère, à sept lieues en côté de Chambéry.

MOUZON, ville frontière de France et de la Belgique, située sur la Meuse, entre Sedan et Stenai.

MUTTERSTADT, ville du Palatinat, située à trois lieues du Rhin, sur la rive gauche, entre Spire et Manheim.

N.

NAMUR, ville de la Belgique, située au confluent de la Meuse et de la Sambre.

NANCY, ville de France, située sur la Meurthe, en côté de Toul, sur la droite.

Nawheim (les-Salines), ville d'Allemagne; située en côté de Mayence, entre le Rhin et la Lahn.

Necker, rivière d'Allemagne, qui prend sa source dans la-forêt-noire, et se jette dans le Rhin au-dessous de Manheim.

Neerlinter, village situé au-dessus de Tirlemont, sur la rive gauche de la grosse Nèthe.

Nèthe (grande et petite), rivières du Brabant, qui se réunissent ensemble à Lier, et vont se confondre avec la Dyle, sous le fort de Tongsk, au-dessous de Malines.

Neuvied, ville d'Allemagne, sur la rive droite du Rhin.

Neuville-aux-Bois (la), bourg de France, situé sur la rive gauche de la Meuse, près de Stenai.

Neuville-au-pont (la), village situé entre l'Aisne et l'Aire, à droite de Sainte-Ménehould.

Nice, ville frontière de France et d'Italie, sur les bords de la mer et près l'embouchure du Var.

Nidda, rivière d'Allemagne, qui prend sa source au-dessus de la petite ville du même nom, et vient tomber dans le Mein à Hœchst au-dessous de Francfort.

Nieuport, ville de la West-Flandre, entre Ostende et Furnes.

Nimègue, ville des Pays-Bas, capitale de la Gueldre hollandaise, située sur la rive gauche du Vahal, entre la Meuse et le Rhin.

Nimi, hauteur située de l'autre côté de Mons, à une demi-lieue de la ville, près de la route de Bruxelles.

Nivelle, ville de la Belgique, entre Bruxelles et Charleroi.

Noirchain, village de la Belgique, à une lieue et demie

au-dessous de Mons, sur le chemin qui conduit de cette ville à Bavai.

Noirval, ruisseau qui tombe dans l'Aisne, au-dessous de Grand-Pré.

Notre-Dame (de l'Épine), *voyez* l'Épine.

O.

Olizi, village situé sur la rive droite de l'Aisne, près de Grand-pré.

Onaing, village frontière de France et de la Belgique, situé à deux lieues nord-est de Valenciennes.

Oneille, ville et port de mer sur la Méditéranncée, entre Gênes et Villefranche.

Oplinter, village de la Belgique, situé au-dessus de Tirlemont, sur la rive gauche de la grosse-Getthe.

Oppenheim, ville du Palatinat, située sur la rive gauche du Rhin, entre Worms et Mayence.

Orchies, ville de France, frontière de la Belgique, sur la route de Douai à Tournai, et à quatre lieues au-dessous de Lille, sur la droite.

Orsmael, village situé au-dessus de Tirlemont, sur la rive gauche de la petite-Getthe.

Ostende, ville de la West-Flandre, sur le bord de la mer, à trois lieues à droite de Bruges.

Oudenarde, ville de la Belgique, sur l'Escaut, entre Tournai et Gand.

Ourthe, rivière qui prend sa source sur les confins du Luxembourg, et vient se jetter dans la Meuse à Liège.

P.

Pallizel, hauteur située en côté de Mons, à une demi-lieue au-dessous de cette ville.

PARIS, ville de France, sur la Seine.

PASSAVANT, petite ville de France, à deux lieues au-dessous de Sainte-Ménehould.

PATURAGE, village situé dans une plaine, au-dessous de Careignon, près de la grande route de Mons à Valenciennes, et vis-à-vis Saint-Ghislain.

PAVIE, ville d'Italie, sur le Tessin, à six lieues au-dessous de Milan.

PAYS-BAS. On comprend en général sous ce nom, la Belgique et la Hollande, mais plus particulièrement tout ce qui est borné par la Flandre française, la haute-Meuse et la mer.

PELLENBERGH, hauteur située en côté de Louvain, sur la gauche de la route qui conduit à Tirlemont.

PELLINGEN, village situé à trois lieues au-dessus de Trèves, et à une lieue de la Saare, sur la rive droite de cette rivière.

PERTHE, village de France, situé entre les rivières de l'Auve et de la Bionne, entre les villes de Châlons et Sainte-Ménehould.

PERTHOIS, petit pays de la Champagne, sur la rive droite de la Marne et dans les environs de Vitri-le-Français.

PERUS, passage des montagnes du ci-devant comté de Nice, situé sur la route de Coni, entre Sospello et Saorgio.

PERWELS, village de la Belgique, situé entre Leuze et Condé, à deux lieues de la rive droite de l'Escaut.

PHILIPPEVILLE, place frontière de France et de Belgique, à dix lieues sur la droite de Mons, et cinq sur la gauche de Givet.

PHILISBOURG, ville d'Allemagne, située sur la rive droite

du Rhin, à la jonction de la Salza, entre Spire et Rhinzabern.

PIÉMONT, pays situé entre la France et l'Italie.

PILLON, village situé près de la Chiers, entre Estain et Longwi.

POMEREUIL, village de la Belgique, située sur la rive droite de l'Haisne, entre Condé et Saint-Ghislain.

PONT-A-BOUVINES, *voyez* Bouvines.

PONT-A-MOUSSON, ville de France située sur la Moselle, entre Metz et Nancy.

PONT-A-TRESSIN, *voyez* Tressin.

PONT-ROUGE, village de France, frontière de la Belgique, à trois lieues nord-ouest de Lille, sur la Lys.

PONT-SUR-SAMBRE, petite ville de France, située sur la rive gauche de la Sambre, entre Maubeuge et Landrecies.

POPERINGUE, ville de la West - Flandre, entre Ypres et Bergues.

PORENTRUY, ville frontière d'Alsace, Franche - Comté, Montbelliard et Suisse, près de Bâle et du Mont-Jura.

Q.

QUARÉGNON, *voyez* Careignon.

QUAROUBLE, *voyez* Carouble.

QUESNOY (le), ville frontière de France et de Belgique, à trois lieues au-dessous de Valenciennes, sur la droite, et à six lieues au-dessus de Cambray.

QUESMES, *voyez* Cuesmes.

QUIÉVRAIN, petite ville située sur la route de Valen-

ciennes à Mons, à l'extrême frontière de France
et de Belgique.

R.

Raucourt , village de la Belgique , situé entre Leuze et
      Condé , sur la droite de la route qui conduit
      de Tournai à Ath.

Raucoux , village situé au-dessus de Liège , sur la droite
      de la chaussée qui conduit de cette ville à
      Tongres.

Rechem (le grand et le petit), villages situés près d'Herve,
      sur la droite de la route qui conduit de Liège
      à Verviers.

Regret , village situé entre l'Aire et la Meuse, près de
      Verdun.

Rethel , ville de France sur l'Aisne , à neuf lieues au-
      dessus de Rheims.

Révigné-aux-Vaches , bourg de France , situé sur l'Or-
      nain , entre Bar et Vitry.

Révigny , Bourg de France , situé sur l'Ornain, entre Bar
      et Châlons.

Rheims , ville de France, située sur la Vesle, entre l'Aisne
      et la Marne.

Rhin , fleuve qui prend sa source dans les montagnes de
      la Suisse , traverse une partie de la frontière
      de France , l'Allemagne et la Hollande , et
      qui, après avoir formé trois branches, dont l'une
      sous le nom de Vahal , tombe dans la Meuse à
      la tête de l'île de Bommel ; l'autre , sous celui
      d'Issel , tombe dans le Zuiderzée au-dessous
      de Campen ; et le troisième sous celui de Leck,
      se subdivise en deux parties, dont l'une tombe

dans la Merwe au-dessus de Dort , et l'autre va
se perdre dans les sables, entre Leyde et la mer.

RHIN (Palatinat du), contrée d'Allemagne , située entre
le Rhin et la Moselle.

RHINSGAW , pays d'Allemagne , renfermé entre le Rhin ,
la Lhan et le Mein.

RHINZABERN , petite ville frontière de France et d'Allemagne , sur la rive gauche du Rhin , vis-à-vis
Landau.

ROBERTMONT , hauteurs situées du côté de Liège et sur la
rive droite de la Meuse.

ROCCATAILLADA , passage des montagnes du ci-devant
comté de Nice , entre les villes de Lescarena,
Laroquette et Sospello.

ROCROI , ville de France, située sur le côté de la rive
gauche de la Meuse , au-dessous de Charleville.

RODELHEIM , village situé sur la rive gauche de la Nidda ,
un peu au-dessus de Hoechst.

ROER , rivière qui prend sa source sur les confins du Luxembourg et du pays de Juliers , et vient se
jetter dans la Meuse à Ruremonde.

ROESBRUGGE , ville de la West-Flandre , située sur l'Yser
entre Ypres et Bergues.

ROME , ville d'Italie , sur le Tibre.

RONCQ , village frontière de France et de Belgique , entre
Lille et Menin.

ROUBAIX , petite ville située sur la frontière de France et
de la Belgique , à deux lieues de Lille , sur la
gauche de la route qui conduit à Courtray.

RUMEGIES , village de la Belgique , entre Maulde et Saint-
Amand.

RUREMONDE , ville de la Gueldre, au confluent de la Roër
et de la Meuse , entre Maestricht et Venloo.

S.

SAARE, rivière qui prend sa source dans la ci-devant Lorraine, et va tomber dans la Moselle à Consaarbruck, une lieue au-dessus de Trèves.

SAARBURG, ville de l'électorat de Trèves, située sur la Saare, entre Trèves et Thionville.

SAAR-LOUIS, ville de France, frontière de l'électorat de Trèves, située sur la Saare.

SAINT-AMAND, ville de France, frontière de la Belgique, située sur la Scarpe, entre Lille et Valenciennes.

SAINT-AVOLD, ville de France, à dix lieues de Metz et dix-sept de Nancy.

SAINT-BARTHELEMI, position sur la rive gauche de la Meuse, près de Verdun.

SAINT-DIZIER, ville de France, située sur la Marne, route de Toul à Vitry.

SAINT-GENIS, ville frontière de France et de la ci-devant Savoie, située sur la rive gauche du Rhône, en côté de Chambéry.

SAINT-GHISLAIN, petite ville de la Belgique, entre Mons et Condé, sur l'Aisne.

SAINT-MARC ou MARD, bourg de France, situé un peu au-dessus de Virton.

SAINT-MARTIN-FONTAINE, village frontière de France et du Luxembourg, situé entre Longwi et Thionville.

SAINT-MAURICE, faubourg de Lille, entre ceux de Fives et la Madelaine.

SAINTE-MÉNEHOULD, ville de France, sur l'Aisne, route de Châlons à Verdun.

SAINT-PIERRE-MONT, village de France, près Busancy, à cinq lieues de Grand-Pré.

SAINTE-RÉMI, village de France, à moitié chemin de Virton à Longwy.

SAINTE-SAUVE, village situé au-dessus de Valenciennes, près de la route de Mons.

SAINT SAUVEUR, quartier de Lille, dans la partie méridionale de cette ville.

SAINT-THOMAS, village situé en avant de Sainte-Ménehould, sur la rive droite de l'Aisne.

SAINT-TROND, petite ville de la Belgique, entre Tongres et Tirlemont.

SANGHIEM, village de France, situé sur la Marque, à une lieue de Lille, et sur le chemin qui conduit de cette ville à Valenciennes.

SAORGIO, ville du Piémont, à neuf lieues de Nice.

SARS, bois situé entre Quiévrain et Mons, à droite de la grande route.

SAVOIE, pays d'Europe, situé entre la France, le Piémont et la Suisse, et borné par le Rhône, les Alpes et le lac de Genève.

SCARPE, rivière qui prend sa source au-dessus d'Arras, et vient tomber dans l'Escaut entre Saint-Amand et Tournai.

SEBOURG, village situé à deux lieues de Valenciennes, sur la droite.

SÉDAN, ville de France, frontière du Luxembourg, située sur la Meuse.

SÉNUCQUES, village situé sur la rive droite de l'Aisne, près de Grand-Pré.

SIMMEREN, ville du Hunds-Ruck, située sur la rive gauche du Rhin, entre Mayence et Coblentz.

SIPPLI, village de la Belgique, à une lieue au-dessous de Mons, sur le chemin qui conduit de cette ville à Bavai.

SIVRI,

SIVRY, deux villages du même nom situés entre Clermont et Verdun.

SOIGNIES, forêt située aux environs de Bruxelles et traversée par la route de cette ville à Charleroi.

SOIGNIES, village situé au-dessus de Mons, sur la route de Bruxelles, entre Mons et Braine.

SOMMEPI, village situé entre Vouziers et Châlons.

SOMME-TOURBE, village situé entre la Marne et l'Aisne, et entre les villes de Châlons et Sainte-Ménehould.

SOSPELLO ou SORPELLO, ville du Piémont, à cinq lieues de Nice.

SPA, petite ville de la Belgique, à six lieues en côté de Liège, sur la rive droite de la Meuse.

SPEZZE, port de mer situé à l'extrémité méridionale de l'état de Gênes.

SPIRE, ville d'Allemagne, située sur la rive gauche du Rhin, au-dessous de Philisbourg.

STABLO ou STAVELOT, petite ville de la Belgique, à huit lieues en côté de Liège, sur la rive droite de la Meuse.

STENAI, ville de France, frontière de la Belgique, située sur la Meuse, entre Montmédi et Verdun.

STONE, village de France, situé dans la direction de Sedan à Grand-pré, entre la Meuse et la Marne.

STRASBOURG, ville de France, frontière d'Allemagne, dans la ci-devant Alsace et sur la rive gauche du Rhin.

SUIPPES, village situé entre la Marne et l'Aisne, et entre les villes de Châlons et Sainte-Ménehould.

SUISSE, pays d'Europe, situé entre la France, l'Allemagne et les Alpes.

Année 1792.   S

SWALBACK, ville d'Allemagne, située à trois lieues au-dessus de Mayence, entre le Rhin et la Lahn.

T.

TANNAI, village de France, situé dans la direction de Sedan à Grand-pré, entre la Meuse et la Marne.

TARENTAISE, province de la ci-devant Savoie, dont Moutiers étoit la capitale.

TERMONDE, ville de la Belgique, située sur l'Escaut, entre Gand et Anvers.

THERMES, village situé sur la rive droite de l'Aisne, près de Grand-Pré.

THIONVILLE, ville de France, frontière du Luxembourg, située sur la rive gauche de la Moselle.

THONON, ville de la ci-devant Savoie, elle étoit capitale du Chablais.

THULIN, village de la Belgique, entre l'Haisne et la route de Valenciennes à Mons.

TIRLEMONT, ville de la Belgique, située sur la grosse Getthe, entre Tongres et Louvain.

TONGRES, ville située sur le Jaar, entre Maestricht et Saint-Trond.

TOUL, ville de France, située sur la Moselle, dans la partie de la ci-devant Lorraine appellée les trois Évéchés, entre Nancy et Bar-sur-Ornain.

TOULON, ville de France et port de mer, sur la Méditérannée, dans le département du Var.

TOURBE, rivière qui tombe dans l'Aisne, au-dessous de Sainte-Ménehould.

TOURNAI, ville frontière de la Belgique et de la France, sur l'Escaut.

TRARBBACH, ville du Palatinat, sur la rive droite de la Moselle, entre Trèves et Coblentz.

TRESSIN, village frontière de France et de la Belgique, sur la Marque, à droite de la route de Lille à Tournai.

TRÈVES, ville d'Allemagne sur la Moselle, au-dessous du confluent de cette rivière avec la Saare.

TRÈVES (électorat de), contrée d'Allemagne, située entre l'électorat de Cologne, le palatinat du Rhin, la ci-devant Lorraine et le Luxembourg.

TRINITÉ, mont situé vis-à-vis l'Escaut et sur la rive droite, à une lieue au-dessous de Tournai.

TURCOING, petite ville frontière de France et de Belgique, à deux lieues de Lille, sur la gauche du chemin qui conduit de cette ville à Courtrai.

TURIN, ville du Piémont, située sur le Pô.

TURKEIM, ville du Palatinat, sur la gauche du Rhin, entre Spire et Worms.

TURNHOUT, ville de la Campine, frontière du territoire hollandais, entre Anvers et Bois-le-Duc.

U.

USINGEN, ville d'Allemagne, située à six lieues au-dessus de Francfort, entre la Lahn et le Mein.

V.

VADONCOURT, village situé entre Estain, Thionville et Longwi.

VALENCIENNES, ville frontière de France et de la Belgique, située sur l'Escaut, entre Mons et Cambrai.

VALMY, village situé entre la Marne et l'Aisne, entre Châlons et Sainte-Ménehould.

VAR, rivière qui prend sa source au pied de l'Appenin, dans le département des Alpes maritimes, et se jette dans la Méditérannée, entre Nice et Saint-Paul.

VARENNES , ville de France sur l'Aire , entre Verdun et Sainte-Ménehould.

VAROUX , village situé au-dessus de Liège , entre les deux routes qui conduisent de cette ville à Saint-Trond et à Tongres.

VAU ou VAULT , village situé entre la Meuse et la Chiers , entre Mouzon et Carignan.

VAUX , village situé sur la droite de l'Aisne , entre Sainte-Ménehould et Rethel ; il y a en outre deux autres villages de ce nom sur la rive gauche , et pareillement entre ces deux villes.

VERDUN , ville de la ci-devant Lorraine , située sur la Meuse.

VERVIERS , ville du pays de Liège , située entre cette ville et Limbourg , sur la rivière de Wèze.

VESDER , *voyez* Wèze.

VIENNE-LE-CHATEAU , village situé sur la rive droite de l'Aisne , au-dessous de Sainte-Ménehould.

VILLEFRANCHE , ville et port de mer sur la Méditérannée , en côté de Nice.

VIRGINY , village situé à deux lieues de l'Aisne , sur la rive gauche en allant de Sainte-Ménehould à Rheims.

VIRTON , ville frontière de Belgique et de France , entre Luxembourg et Montmédi.

VIRTON (vieux) , bourg de France , situé entre Saint-Mard et Virton.

VITRY-LE-FRANÇAIS , petite ville de France , située dans la partie de la ci-devant Champagne appelée le Perthois , sur la Marne , entre Saint-Dizier et Châlons.

VOIDS , ville de France , sur la Meuse , route de Toul à Vitry.

VOSGÉS , montagnes dont la chaîne traverse la ci-devant
Lorraine , et s'étend depuis le Palatinat du
Rhin jusqu'à la ci-devant Franche-Comté.

VOUZIERS , bourg de France , situé sur la route de Stenaï
à Rheims.

W.

WARNETON , petite ville frontière de France et de Belgique ,
située sur la Lys , entre Lille et Ypres.

WEILBOURG , ville d'Allemagne , sur la Lahn , entre
Wetzlaër et Limbourg.

WEISSEMBOURG , ville de France , frontière du Palatinat ,
située sur la Lauter , à quatre lieues de Landau.

WELPE , rivière qui prend sa source entre Louvain et Tirlemont, et va se jetter dans la Domer , au-
dessous de Diest.

WERWICK , ville de la West-Flandre , située sur la Lys ,
entre Menin et Comines.

WEST-FLANDRE , contrée de la Belgique , située entre
la Lys et la mer.

WESTZLAER , ville d'Allemagne sur la Lahn , entre Marbourg et Coblentz.

WÈZE , rivière qui prend sa source dans le Limbourg ,
traverse ce pays, et vient se jetter dans l'Ourthe,
à deux lieues au-dessus de Liège.

WILWORDEN , ville de la Belgique , sur la Senne , à deux
lieues au nord de Bruxelles, sur la route qui
conduit à Malines.

WISBADEN , ville d'Allemagne , située en côté de Mayence ,
entre le Rhin et la Lahn.

WORMS , ville d'Allemagne , située sur la rive gauche du
Rhin , entre Spire et Mayence.

Y.

YON, *voyez* Inor.

YPRES, ville de la West-Flandre, située entre Lille et
    Nieuport.

YRON, *voyez* Iron.

Z.

ZÉELANDE, îles de l'Océan, formant l'une des sept pro-
    vinces qui composoient ci-devant la République
    de Hollande, situées entre les îles de Hollande,
    le Brabant et la Flandre, dont elles sont sé-
    parées par les deux bras que l'Escaut forme au-
    dessous d'Anvers, pour se rendre à la mer.

ZUIDERZÉE, golphe de la mer du nord, qui s'étend dans
    le sein de la République de Hollande, entre la
    Frise, l'Over-Yssel, la Gueldre et la Hollande.

Fin de la notice géographique.

ERRATA.

CHAPITRE PREMIER.

PAGE 18, ligne 10, le bataillon, *lisez*, ce bataillon. Page 19, ligne 6, ses expéditions, *lisez*, les expéditions; même page, ligne 18, pendant trois ans, *lisez*, pendant près de trois ans. Page 32, ligne 22, défense, *lisez*, resistance. Page 33, ligne 15, les places, *lisez*, ces places. Page 34, lig. 26, Lougwi, *lisez*, Longwi. Page 39, lignes 11 et 12 n'auroient rejoint, *lisez*, ne rejoindroient. Page 59, ligne 8, se tenir plus à portée, *lisez*, se rapprocher; même page, ligne 9, point de jonction où, *lisez*, point de jonction sur lequel. Page 67, ligne 18, sur Ham, *lisez*, sur Hans. Page 71, ligne 5, la journée du même jour, *lisez*, dans le cours de la même journée. Page 72, ligne 4, l'Auve, *lisez*, d'Auve; même page, ligne 12, avec la cavalerie, *lisez* avec de la cavalerie. Page 74 au commencement de la ligne 3, *lisez* 44. Page 75, lignes 14 et 15, jusqu'à l'extrémité, *lisez*, à l'extrémité. Page 97, ligne 28, détruite, *lisez*, détruite assez tôt. Page 116, ligne 13, Savoie et *Anselme*, *lisez*, Savoie; *Anselme*. Page 128, ligne 5, celle, *lisez*, celles; même page, ligne 6, je vais, *lisez*, je vais successivement.

CHAPITRE II.

Page 137, ligne 11, l'Aisne, *lisez*, l'Haisne. Page 138, Perwel, *lisez*, Perwelz. Page 142, du Pâturage, *lisez*, de Pâturage. Page 164, ligne 22, Coorbeuck, *lisez*, Coorbeck. Page 174, ligne 4, le ministre, *lisez*, le ministère. Page 177, ligne 18, qu'il nous, *lisez*, qu'elle nous. Page 18 et suiv. où se trouve le mot Hessais, *lisez*, Hessois. Page 203, lignes 18 et 19, Multerstadt, *lisez*, Mutterstadt.

Page 205, ligne 5, Meuse et Moselle, *lisez*, Moselle et Meuse. Page 209, ligne 5, rigoureusement, *lisez* vigoureusement. Page 219, ligne 24, sérieuses, *ajoutez* sérieuses que je viens d'indiquer. Page 226, ligne 13, s'y porter, *lisez*, s'y porter lui-même. Page 240, ligne 22, éqoque, *lisez*, époque. Page 242, ligne 21, et suis, *lisez*, et je suis. Page 251, ligne 8 Coorbeuck, *lisez*, Coorbeck. Page 255, ligne 26, Gisen, *lisez*, Giessen.

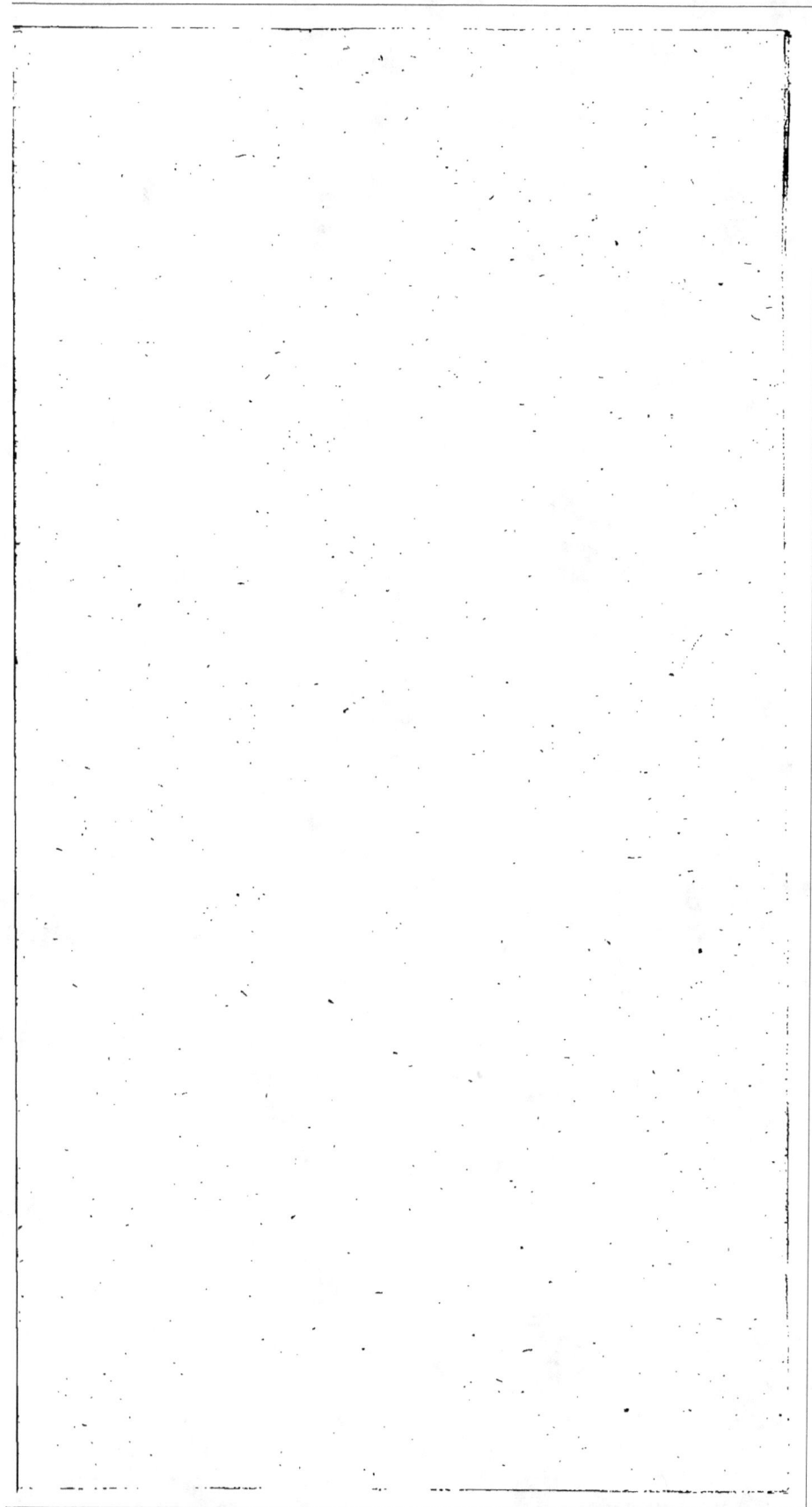

www.ingramcontent.com/pod-product-compliance
Lightning Source LLC
Chambersburg PA
CBHW070741270326
41927CB00010B/2056